北方工业大学北京城市治理研究基地资助成果

我国生态型政府的构建与突破

尉 峰◎著

CHINA'S ECOLOGICAL GOVERNMENT:
CONSTRUCTION AND
BREAKTHROUGH

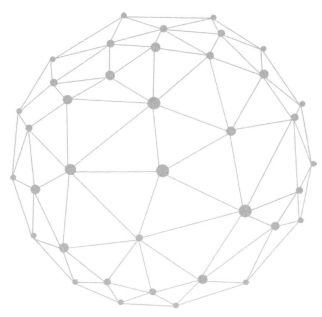

经济管理出版社
ECONOMY & MANAGEMENT PUBLISHING HOUSE

图书在版编目（CIP）数据

我国生态型政府的构建与突破/尉峰著 . —北京：经济管理出版社，2024.4
ISBN 978-7-5096-9544-9

Ⅰ. ①我…　Ⅱ. ①尉…　Ⅲ. ①国家行政机关—行政管理—研究—中国
Ⅳ. ①D630.1

中国国家版本馆 CIP 数据核字（2024）第 020204 号

组稿编辑：曹　靖
责任编辑：郭　飞
责任印制：许　艳
责任校对：王淑卿

出版发行：经济管理出版社
（北京市海淀区北蜂窝 8 号中雅大厦 A 座 11 层　100038）
网　　　址：www. E-mp. com. cn
电　　　话：（010）51915602
印　　　刷：北京晨旭印刷厂
经　　　销：新华书店
开　　　本：720mm×1000mm/16
印　　　张：12.5
字　　　数：185 千字
版　　　次：2024 年 4 月第 1 版　　2024 年 4 月第 1 次印刷
书　　　号：ISBN 978-7-5096-9544-9
定　　　价：88.00 元

序

　　生态文明正以一种全新的姿态步入人类视野。在后工业时代，不断出现的生态危机和生态灾害促使人们进行反思和总结。人们发现生态的破坏是人类自身的欲望和行为不加控制而造成的恶果，也是传统文明方式对物质财富的过度追求而带来的灾难。而要在继承工业文明发展成果基础上改变这一状况，就需要以一种全新的文明形式来替代原有的模式。面临危机的人类，在会聚前人生态智慧和文明结晶的基础上，提出了一种新的文明形式——一种力求实现人、自然和社会和谐发展的生态文明。

　　然而，生态文明在一个国家和社会中得到实现，并不是一蹴而就、自动完成的过程，需要有强大而理性的推手。这个重任首当其冲地落到了现代政府的身上。政府作为代表国家掌握和行使公共权力的行政组织，掌控着大量公共资源，拥有优秀的人才智力，能够制定决断性的政策，具有由国家强力机关保障的执行力度。更为重要的是，现代政府的首要使命和责任就是维护公共利益，进行公共管理，提供公共服务。生态文明的系统性、公共性、外部性、文化性等特点将生态文明建设和政府紧紧地绑定在一起。政府生态职能的担负程度、履行状况、工作机制、制度安排等决定了生态文明社会能否建成，何时建成，在什么程度上建成。

　　中国的生态文明建设，中国政府承担了最主要、最核心、最根本的职责。

中国将生态文明确立为国家发展的战略目标，并就如何建设生态文明提出了一整套的实施方略。在中国建设一个生态文明的社会是改善中国当前生态状况的现实需要，也是实现中华民族伟大复兴的必由之路。作为后发的工业化国家，中国在尚未建立起雄厚的工业文明根基的情况下，就集中爆发了西方发达国家在工业化阶段的各种生态危机。为了避免走西方国家"先污染，后治理"的老路，确保经济社会发展的可持续性，迫切需要走出一条适合自己的生态文明建设道路。在这条道路的确立上，生态文明建设已经纳入到中国特色社会主义的总体布局当中，是全面建成小康社会、建设社会主义和谐社会的一项重要任务。生态文明建设已经成为中国特色社会主义的有机构成和目标要求，坚持社会主义道路就必然要建设社会主义的生态文明。

提高政府生态文明建设水平，需要按照生态方向对政府管理模式进行调整，积极创建生态型政府。为此，需要克服传统模式的束缚，实现政府从"无限"到"有限"的转型，从"干预"到"引导"的转型，从"管制"到"服务"的转型。转型的最终目标是建立起适宜于生态文明建设需要的新型政府模式，构筑生态服务功能健全的服务型政府、生态职能明确到位的责任型政府、生态法治完善的法治型政府、生态信息通畅的透明型政府。

实现我国政府的生态化转型，需要落实到一项项具体的功能中去，利用行政的、经济的、制度的以及国际合作的手段去铺就我国生态型政府的构建路径。从行政治理的角度看，政府不可能担负起全部的生态文明建设责任，企业、非政府组织和公众同样是生态文明建设的主体，政府需要开放生态治理的通道，通过调动多元主体参与的积极性，实现生态"善治"。从经济手段运用的角度看，政府可以通过开征环境税、提高排污收费、实行排污权交易、建立绿色资本等经济杠杆的调节，协调生态建设和经济发展的矛盾，减少生态治理阻力，降低治理成本，有效克服生态的外部非经济性。从制度完善的角度看，在对政府和官员的考核和评价中，生态要素的缺失和弱化是阻滞政府生态职能履行到位的重要原因之一，政府可以通过树立生态导向的政绩观，扩充政府绩效考评的生态指标，将绿色 GDP 引入政绩评价等措施来完善政府考评体系。从国际生态责任担当的角度看，建设生态文明的社会既是全世界人民的共同理想，也是世界各国的共同责任。中国作为发展中的大国应当担负起"共同而有区别"的责任，并要在生态全球治理的国际体系构建中，发挥积极的作用和有利的影响。

对中国生态型政府建设开展研究，其最终目的是为了在中国政府的主导下，为建成社会主义的生态文明社会提供参考和借鉴。我们相信，只有坚持社会主义生态文明的建设方向，推进政府的生态化转型，不断改进政府生态文明建设中存在的问题与弊病，并创新生态文明的实现路径，就一定能够建成自然与人类和谐共生、经济社会永续发展的生态文明社会。

目　录

第一章　中国生态文明建设的发端

中国作为世界上最大的发展中国家，正处于现代化、智能化、生态化的转型期，整个国家正全力以赴为全面建设社会主义现代化国家、全面推进中华民族伟大复兴而团结奋斗。自 1978 年□国实行改革开放以来，实现了持续40 多年的经济高速增长。但随着发展的深入，生态问题日渐成为影响中国持续、健康、快速发展的重要因素。面对严峻的生态危机，中国政府担负着探索和创建人与自然和谐共生的生态文明建设之路的重任。

第一节　当今中国面临的生态问题

由于对经济增长的过分强调和关注，我们曾不惜以牺牲生态为代价来换取经济的增长，结果使生态遭到前所未有的损耗与破坏，甚至几近突破自我修复的承载边界。生态是经济社会发展的根基和保障，随着生态环境的日益恶化，这种保障作用越发显得捉襟见肘，不堪重负。近年来，尽管中国政府对于生态问题非常重视，不断加大治理力度，使生态环境在指标上有所改善，但是生态环境的破坏情况依然严峻。根据我国生态环境部公布的历年《中国环境状况公报》和《中国生态环境状况公报》，我国的生态问题主要体现在如下几个方面：

一、水体污染一定范围存在

（1）地表水受到污染。根据我国《地表水环境质量标准》，我国的地表水水质分为Ⅰ、Ⅱ、Ⅲ、Ⅳ、Ⅴ和劣Ⅴ，共六种，Ⅰ类水质为最优，劣Ⅴ类水质为最劣。其中Ⅰ～Ⅲ类水是可以饮用的，Ⅳ、Ⅴ和劣Ⅴ类水只能用于工农业的一般用水。这里所说的地表水指全国江河、湖泊、运河、渠道、水库等具有使用功能的地表水水域。我国七大水系水质污染最为严重的年份是2002年，Ⅳ类以下水质占到了70.9%。之后有所好转，2010年下降到40.1%，2021年降到13%。在重点流域中，2021年海河流域、松花江流域仍为轻度污染，黄河流域、辽河流域和淮河流域转为水质良好，其他流域水质为优。在国家重点控制的湖泊和水库中，2010年，低于Ⅳ类水质的占到77%，2020年下降到27.1%。

（2）地下水资源不足。2012年以前，我国地下水开采量连续30年以每年25亿立方米的速度递增，2012年达到最高的1134亿立方米，2020年回落至892亿立方米。2020年全国地下水资源量为8553.5亿立方米，其中，与地表水不重复的地下水资源量为1198.2亿立方米。2021年，全国21个省份存在不同程度的超采问题，个别地区甚至存在开采深层地下水问题。地下水超采区总面积达28.7万平方千米，年均超采量158亿立方米，其中华北地区地下水超采问题最为严重。超采导致地下水水位下降、含水层疏干、水源枯竭，引发地面沉降、河湖萎缩、海水入侵、生态退化等问题。地下水污染问题也较为突出，主要是由城镇生活污水和工业废水排放、农业面源污染导致的。2021年，国家监测的1900个地下水环境质量考核点位中，Ⅰ～Ⅳ类水质点位占79.4%，Ⅴ类水质点位占到20.6%。地下水更新慢，超采、污染等问题治理修复的难度都很大。

（3）近海水域水质不佳。近年来，我国近海水域水质呈改善趋势，但仍需加大改进力度。2010 年，Ⅰ、Ⅱ类水质占 62.7%，Ⅲ、Ⅳ和劣Ⅳ类水质占 37.3%。2021 年，Ⅰ、Ⅱ类水质占 81.3%，Ⅲ、Ⅳ和劣Ⅳ类水质占 19.7%。2021 年管辖海域中，尽管劣Ⅳ类水质比前一年略有上升，但辽宁、河北、天津、山东和广西优良海域面积比例有所下降；面积大于 100 平方千米的 44 个海湾中，有 11 个海湾春、夏、秋三期监测均出现劣Ⅳ类水质。

二、空气状况亟须改善

根据我国《环境空气质量标准》的划定，我国现行空气质量分为优、良、轻度污染、中度污染、重度污染、严重污染共 6 级。2000 年，我国城市空气质量达标（达到优和良）的天数仅为 33.8%。此后逐年上升，2010 年达到 81.7%。但是，2012 年以前，我国国家检测标准中只检测空气中直径大于或等于 10 微米（PM10）的颗粒物。是年 2 月，国家修订《环境空气质量标准》，将 PM2.5 数据纳入空气质量检测指标中。PM2.5 数值的引入，使国内空气质量恶化状况进一步凸显。2013 年，据亚洲开发银行和清华大学发布的《中华人民共和国国家环境分析》报告称，中国 500 个大型城市中，只有不到 1% 达到世界卫生组织空气质量标准。世界上污染最严重的 10 个城市中，有 7 个在中国。此后，国家大力推进 PM2.5 的治理，空气质量逐年回升。2021 年，根据全国涵盖 339 个地级及以上城市的 1734 个国家城市环境空气质量监测点的数据，环境空气质量达标城市比例为 56.9%（含沙尘影响），超标比例为 43.1%。以 PM2.5、臭氧（O_3）、PM10、二氧化氮（NO_2）和一氧化碳（CO）为首要污染物的平均超标天数比例为 12.5%，其中 PM2.5 占超标天数的比例为 39.7%，为各项最高。

三、土壤与废弃物污染压力较大

中国是世界上荒漠化面积最大、受影响人口最多、风沙危害最重的国家之一。土壤的破坏可分为自然力破坏和人为活动破坏。自然力对土壤的破坏表现为水土流失和土地荒漠化。2010年，全国水土流失面积356.92万平方千米，占国土总面积的37.2%；国家不断加大水土流失综合治理力度，到2021年全国水土流失面积减少了87.65万平方千米，但仍占国土总面积的28%。2006年，中国荒漠化土地为173.9万平方千米，占国土面积的18%以上，影响全国30个省份。到2021年，全国荒漠化土地总面积261.16万平方千米，占国土面积的27.2%，比例进一步扩大。

随着工业生产的发展，工业固体废物数量日益增加。工业固体废物随意堆放不仅占用大量土地，而且许多工业废渣含有易溶于水的物质，通过淋溶污染土壤和水体。有的废物甚至淤塞河道，污染水系，影响生物生长，危害人身健康。2010年，我国工业固体废弃物的生产量为24亿吨，2020年上涨到36.8亿吨，庞大的数量给土地利用和土壤环境造成了巨大压力。

四、植被覆盖率和生物多样性需要持续恢复

2021年，我国森林面积34.6亿亩，森林覆盖率为24.02%，低于全世界32%的森林覆盖率，东亚的日本、韩国均超过60%。而且，我国森林覆盖率呈现东西部不均衡的状况，东部、中部较为平均，而占国土总面积71%的西部，森林覆盖率仅为20%。全国草地面积39.68亿亩，草原综合植被盖度为50.32%，鲜草年总产量5.95亿吨。我国草原载畜量较低，仅为美国的1/7、新西兰的1/8。我国草原单位面积产草量比20世纪60年代初普遍下降。

中国是世界上生物多样性特别丰富的国家之一，生长在我国的脊椎动物占世界总种数的13.7%，有6000多种；高等植物种类为世界第三，约有3.4万种；真菌种类占世界总种数的14%，有10000多种。陆地生物生态系统丰

富多样，有近600类。然而，对生物资源的掠夺式利用和自然生态环境日益恶化，导致生物多样性损失严重。我国需要重点关注和保护的高等植物有1.01万种，占总数的29.3%；需要重点关注和保护的脊椎动物有2471种，占总数的56.7%。海洋野生鱼类数量缩减，部分非国家重点保护野生动物数量和种群呈下降趋势。

五、气温持续增高，温室效应明显

2021年，全国平均气温达到10.53℃，为1951年以来历史最高。全国31个省份气温均偏高，其中浙江、江苏、宁夏等11个省份达到1961年以来历史最高温度。气温的升高与碳排放的增加有着正向关系，我国碳排放量居高不下的主要原因是由于对化石能源的高度依赖。近年来，中国一次能源消费中煤炭和石油占比约80%，两者是二氧化碳的主要排放源。根据国际能源署（IEA）的数据，中国二氧化碳总体排放量从2005年的54.07亿吨增长到2019年的98.09亿吨，增长将近1倍。根据世界银行统计，2005年中国超过美国成为世界第一大碳排放国。2021年，中国二氧化碳排放达105.23亿吨，占世界总排放量的45%。中国二氧化碳排放的总量较高，但在控制碳排放、实现绿色发展方面取得了积极进展，二氧化碳排放增速从2005~2010年的8%下降到2016~2019年的1.9%，2020年中国碳排放强度比2005年下降了48.4%，我国煤炭占能源消费总量的比重由2005年的72.4%下降到2021年的56%。

以上的生态问题只是我国自然生态恶化的一部分表现，由于生态问题属于生态系统和结构的功能性破坏，往往带有一定的潜伏性、长期性和间接危害性。现存的一些生态问题一旦形成危害，则需要相当大的精力和相当长的时间进行治理才能恢复，我国生态问题不容忽视。

第二节 中国生态文明建设的政策选择

面对严峻的生态危机和问题，中国共产党和政府一直在寻找可以突破困局的解决路径。从环境保护到可持续发展战略，再到建设生态文明，经过理论和实践的不断探索，为中国发展制定了生态文明的建设方向。

一、起步阶段：环境保护政策

我国最初对于生态文明的认识，是从环境保护开始的。1973 年，由国务院委托国家计划委员会组织召开了第一次全国环境保护会议，从此揭开了我国环境保护事业的序幕，也成为生态文明建设的起点。会议通过的《关于保护和改善环境的若干规定》中，提出了"全面规划、合理布局、综合利用、化害为利、依靠群众、大家动手、保护环境、造福人民"的"32 字方针"，这成为我国第一个生态环境保护的战略方针。为了落实这一战略，1974 年 10 月，我国历史上第一个环境保护政府机构——国务院环境保护领导小组正式成立。1978 年 12 月，在五届全国人大一次会议上，审议通过了新的《中华人民共和国宪法》，明确规定"国家保护环境和自然资源，防治污染和其他公害"。这是我国首次将环境保护的内容纳入宪法当中，确认了国家进行资源环境保护的责任。

改革开放以后，随着经济发展对生态环境的影响越来越大，我国不断加大环境保护力度，并逐步健全和完善环境保护的相关法律、法规和制度。1979 年，《中华人民共和国环境保护法》开始试行，标志着我国有了历史上第一部环境保护基本法。1982 年召开的党的十二大提出"坚决控制人口增长，坚决保护各种农业资源，保持生态平衡"的方针。这是"生态"内容在党的政治报告中的首次出现。1983 年，国务院召开了第二次全国环境保护会议，将环境保护作为我国的一项基本国策确定下来，并提出了"预防为主，防治结合"；"谁污染，谁治理"和"强化环境管理"的三大环保政策。1987年，党的十三大提出"把经济效益、社会效益和环境效益很好地结合起来"的思想，这种站在整体性和系统性的高度来建设生态环境，实现经济、社会、生态协调一致的思路，是生态建设观念的初步确认与体现。1989 年召开的第三次全国环境保护会议，再一次强调了要促进经济发展与生态环境的相互协调，并提出"加强制度建设"、"深化环境监管"等具体实施方略，推动生态保护工作的进一步落实。1992 年，党的十四大在党的政治报告中再次出现"生态"字样，指出要"增强全民族的环境意识，保护和合理利用土地、矿藏、森林、水等资源，努力保护生态环境"，环境保护需要放在生态的大环境下进行建设，这是对生态认识的进一步深化。

二、探索阶段：可持续发展战略

20 世纪 90 年代以后，受到国际社会可持续发展观念的影响，在总结我国生态环境保护的经验与成果上，我国开始逐步提出可持续发展的思想与战略。1995 年，党的十四届五中全会首次提出，"在现代化建设中，必须把实现可持续发展作为一个重大战略"。这是我国第一次将可持续发展战略确定为国家经济社会发展的重大指导方针。同年，《国民经济和社会发展"九五"计划和 2010 年远景目标纲要》也写入了可持续发展战略。1996 年，全国第四次环境保护会议召开，大会提出"保护环境是实施可持续发展战略的关键，保护环境就是保护生产力"，将环境保护作为可持续发展战略的核心环节加以推进。1997 年，党的十五大报告，又将可持续发展战略确立为中国跨世纪发展的战略选择，是现代化建设中必须实现的战略。2002 年，全国第五次全国环境保护会议召开，提出要"坚定不移地贯彻保护环境的基本国策，认真实施可持续发展战略"。2003 年 10 月，党的十六届三中全会提出的科学发展观更是直接将"全面、协调、可持续的发展"作为理论表述的内容，随后将其作为科学发展观的"基本要求"确立下来。

三、确立阶段：提出生态文明

进入 21 世纪，中国对于生态文明的认识越来越清晰、完备，在科学发展观的指引下，系统地提出了生态文明的思想和战略。2002 年底，党的十六大召开，在继续提出"必须把可持续发展放在十分突出的地位"之外，首次将"生态"和"文明"两个概念联系起来，提出要走一条"生产发展、生活富裕和生态良好"的"文明发展道路"，并将此道路的实现确立为全面建设小康社会的基本目标之一。2003 年，在党的十六届三中全会上，科学发展观的提出为生态文明思想的形成奠定了更加坚实的理论基础。2005 年，党的十六届五中全会提出建设"资源节约和环境友好型社会"的方略，并将节约资源作为我国的一项基本国策确定下来。2006 年，第六次全国环境保护大会指出"全面建设小康社会，不仅包括经济建设、政治建设、文化建设、社会建设，还包括生态环境建设，使整个社会走上生产发展、生活富裕、生态良好的文明发展道路"，指明了生态环境建设在全面建设小康社会中的地位。

2007 年，党的十七大首次提出了建设"生态文明"的主张，把生态文明作为实现全面建设小康社会奋斗目标的新要求之一。至此，中国第一次将生态文明作为社会发展战略和建设目标，标志着我国在文明发展理念、发展模式和发展方向上实现了新的跨越。建设生态文明已经成为我国的一项基本方略，进入国家政治、经济、社会生活的主线。此后，生态文明的理论和实践得到不断的完善和发展，党的十七届四中全会第一次将生态文明建设摆在了同经济建设、政治建设、文化建设和社会建设同等重要的战略地位。2011 年，第七届全国环境保护大会提出"环境保护是生态文明的主阵地"，加强环境保护，推进生态文明建设，关系到中华民族长远发展的根基，需要贯穿现代化建设的整个进程。

四、新发展阶段：中国式现代化的人与自然和谐共生

2012 年，党的十八大报告把"生态文明建设"放到了更加突出的地位，将生态文明建设与经济建设、政治建设、文化建设、社会建设一起置于"五位一体"的中国特色社会主义事业的总体布局之中。党的十八大报告首次将"生态文明建设"用一个章节进行系统的阐述，提出了"努力走向社会主义生态文明新时代"的奋斗目标和美好愿景。2015 年，中共中央、国务院印发《关于加快推进生态文明建设的意见》、《生态文明体制改革总体方案》。2017 年，党的十九大把坚持人与自然和谐共生纳入了新时代坚持和发展中国特色社会主义的基本方略，并把生态文明建设确立为中华民族永续发展的千年大计，我国生态文明建设的重大意义和历史作用更加清晰明确。

2018 年 3 月"生态文明"被写入《中华人民共和国宪法》，同月，国家环境保护部更名为生态环境部。2018 年 5 月，全国生态环境保护大会召开，党中央首次明确提出"习近平生态文明思想"，确立了其指导地位。2022 年，党的二十大报告中提出"中国式现代化是人与自然和谐共生的现代化"，"尊重自然、顺应自然、保护自然，是全面建设社会主义现代化国家的内在要求"，明确了我国新时代生态文明建设的战略任务，标志着党对如何推进我国生态文明建设、实现人与自然和谐共生的规律性认识达到了前所未有的新高度。

第三节　生态文明建设与政府的关系

中国对生态文明建设具有强大的现实需求和内部驱动力。只有建设一个生态文明的中国，才能确保经济社会的可持续发展，而以生态文明为取向的

持续、健康、快速发展，是以中国式现代化全面推进中华民族伟大复兴的必经之路和内在要求。建设生态文明、实现人与自然和谐共生是中国政府今后相当长一段时期的重要任务，也是中国式现代化的本质要求。为了明确生态文明建设中生态型政府的功能与定位，需要对生态文明的内涵、政府生态文明建设职能进行界定，进而阐明生态文明和政府的关系。

一、生态文明的内涵

生态文明是由"生态"和"文明"两个词汇组成的，把握生态文明的概念也需要从这两个词的含义入手。从词义上说，生态是由生物和非生物组成的彼此相连、相依相生，能够形成相互循环、自我生发的系统，生态的状况主要反映在生物的生存质量和水平上。生态范畴不仅仅包括人类，而且还涵盖一切生物和非生物，是动物、植物、自然物和人共同生存与发展的空间。人是地球生命系统中的一部分，需要从生态环境中不断获取能量和养分以保证自己的生存，在这一点上，人与其他生物没有本质的区别。从自然的角度去看，人与其他生物都是依附于自然的生命存在。一直以来，这种同生共存的状态维系了生态的平衡与稳定。直到近代，生态平衡被人的主导性力量所破坏，人将自身的存在凌驾于其他生物、自然物的存在之上，从而导致了人与自然的对立。人从自然的依附物变为自然的对立物，人在自我发展的同时，也在自我膨胀，产生人的异化。正是这种异化打破了生态中的稳定与相依存的关系，导致了生态的破坏。

"文明"则是一个比生态更加宽泛的概念。从广义上说，文明可以指人类社会一切物质成果、文化成果、思想成果、制度成果的总和。从狭义的角度讲，文明与野蛮相对，反映的是人类社会开化和进步的程度，是人类改造自然、改造社会和改造自我的结晶。无论是从广义还是狭义角度来看，文明的概念反映出的是人的创造性价值，是以人为核心，站在人化的视角对世界的评价和衡量，是深深打上人类活动烙印的自然与社会。

"生态文明"的概念是生态与文明的复合。这种复合恰恰是弱化人的主宰地位的生态概念与彰显人的意义与作用的文明概念的结合。强调的是人与自然、人与人、人与社会的和谐共生、良性循环、全面发展、持续繁荣的生存状态。这种相依相存、互助共生的状态，既不是对人主宰地位的突出，也不是对生态主义至上论的强化，而是以更加理性、更加温和、更加尊重的方式对待自然，改善和优化人与生物界、自然界以及人类社会自身的关系，进而取得人类同代、代际，同种、种际发展需要的一切文明产品。当然，人类文明产品的获得不能破坏自然生态系统的稳态循环，也不能剥夺其他物种生存繁衍的权利。

　　关于生态文明的外延，即与工业文明、西方文明的关系，将在第二章中进行探讨。

二、生态文明与政府的关联

　　进行生态文明建设是我国政府的职能之一。从法定义务上看，生态文明是中国未来发展的方向和目标，并在中国共产党的政治报告以及国家发展规划中得到确认和体现。这种确认和体现是具有法律效力的，开展生态文明建设是中国执政党和国家赋予政府的责任与使命。2018 年，十三届全国人大一次会议通过宪法修正案，将生态文明建设写入宪法。中央和地方有关生态环境保护的法律、法规、制度中都提出或明确了政府的生态文明建设责任，因此进行生态文明建设是政府依法履责不可或缺的内容之一。从政府能力上看，我国政府掌握着广泛的社会治理权力，具有强大的调用资源的能力，拥有最顶尖的人才智力支持，具有强制性的执行力度，这些条件使政府成为最具能力的生态文明建设者。

　　在国家范畴内，进行生态环境维护、修复和治理的职能最主要是由政府来承担的。1972 年，联合国在斯德哥尔摩召开的人类环境会议通过的《人类环境宣言》指出，各地方政府和全国政府，将对在它们管辖范围内的大规模环境政策和行动承担最大的责任（万以诚和万岍，2003）。1997 年，世界银行发布的世界发展报告列出了五项政府的核心使命，"保护环境和自然资源"为其中之一（肖建华和彭芬兰，2007）。保护自然环境已成为当今世界各国政府公认的一项职能。从"保护环境"进入到"生态文明"，是政府职能的又一次扩容和升级。由政府担负起"生态文明"建设的重任，是由生态文明建设的性质和政府职能的特点决定的。

首先，生态的系统性、复杂性决定了需要由政府来进行生态文明建设。生态是一个集合概念，内部包含着多个因素，并在多个因素之间形成相互关联、相互作用、相互影响的系统。而且若干个系统之间还可以由于彼此之间的特定关系，形成一个更大的生态系统。更为复杂的是，生态系统出现的问题往往并不是由自身的内部因素造成的，而是生态以外的——经济、政治、社会、文化、国际等问题造成的。建设一个生态文明的社会，对任何一个国家而言都是一个庞大而复杂的系统工程。实施这一工程的主体，需要具有绝对的权威，能够制定科学合理的生态政策，能够调动各方的力量，能够对违反生态文明的行为进行制约和处理；需要具有强大的物质基础，能够组织实施并投入巨额资金进行生态工程建设；需要具有高度的公信力，能够代表公民利益，进行区域间和国际间的生态谈判。政府的权威性、财政力、强制力在一国范围内都是无与伦比的，由政府承担生态文明的建设任务，具有其他任何组织不可比拟的社会基础和物质条件。

其次，生态的社会性、公共性决定了需要由政府来进行生态文明建设。生态作为一个环境系统的整体，决定了它从不是某个人的专属物，而是一定区域乃至全人类的共同财富。建设生态良好的文明社会代表了社会的公共利益、整体利益和长远利益，是社会群体和人类全体的共同追求。因此，进行生态文明建设也必须由具备社会性、公共性、服务性的组织来实行。政府是掌握公共权力、管理公共事务、维护公共利益、提供公共产品、担负公共责任的特殊组织。现代政府理论所提出的构建"服务型政府"、"责任型政府"、强调的都是政府的公共服务职能的强化，为公众的切身利益、整体利益、长远利益谋福祉成为政府的核心职能，以致政府的公益性和服务性成为政府合法性的基础。被赋予公共权力的政府，具有强大的行政资源和充分的治理手段，由其代表公共利益进行生态文明社会的建设，既是政府的职能所在，又是自身公共性、服务性、合法性的体现。

再次，生态的非经济性、外部性决定了需要由政府来进行生态文明建设。生态文明社会不是一个能够在市场经济条件下自发形成的过程，需要政府在经济层面上进行干预与调节。这主要是因为生态产品的非经济性、外部性造成的"市场失灵"。在市场经济条件下，商品的价值是由其凝结的人类劳动来计算的，并由价格来反映商品的稀缺性。在自然界，天然形成的自然资源没有凝结人类劳动也具有价值，如果只从劳动的角度进行价格估算，则会造成低估，也就不能真实地反映资源的稀缺程度。例如，著名的"埃里奇和西蒙之赌"——矿产品价格在逐年降低，但这并不能说明矿产资源越来越丰富。此外，生态作为一种典型的公共物品，具有非排他性。良好的生态环境谁都可以获益，即便没有为创建良好生态环境做出贡献的人，也可以享受做出贡献者的成果。这就使生态"搭便车"成为可能，从而降低了非社会性组织以及个人为生态文明建设给予投入和付出的意愿。针对这种"市场失灵"的状况，就需要政府的介入，用宏观调控手段来抑制生态的非经济性和外部性，担负起生态"公共产品"提供、保障与维护的职能。

最后，生态的思想性、文化性决定了需要由政府来进行生态文明建设。生态文明的建设不仅包含一系列的制度和规范、一整套的措施和办法，更为基础和根本的是要在公民中树立生态思想，在社会上形成生态文化。这种生态思想和文化体现在心理、意识、价值、思维的生态化上，并以此作为行动的指引。例如，形成尊重生命的伦理素养、和谐共生的价值取向、节约清洁的生产理念、适度绿色的消费观念等。生态观念的形成是教化养成的过程，是在国民整体素质提升中的生态观念的植入和培育。政府作为先进思想和文化的培育者和倡导者，可以凭借强大的宣传、教育力量帮助全体国民树立具有生态立场的世界观、价值观、道德观、伦理观，在全社会形成生态意识和生态观念，这将为生态文明社会构筑坚实的思想根基。

第二章　生态文明思想的演进

生态文明是人类在历史演进过程中，不断改进和优化人与自然、人与社会以及人与人之间关系的产物，反映了人类社会的发展水平和进步程度。这种发展和进步是经由日积月累，从实践到理论再到实践的逐步推进的过程。在生态文明的演进过程中，现代生态文明的兴起形成了世界性的影响，而生态文明与中国特色社会主义的结合，为生态文明构建了社会主义的理论体系与实践路径，生成了生态文明历史演进的全新范式。

第一节　生态文明思想的兴起

一、生态文明是人类文明的演进结果

人类社会从产生到现在的数万年历史①中，历经了原始文明、农业文明

---

① 根据地质史的研究，在地球46亿年的历史中，人类的祖先——猿类出现于300万年前，直立人（Homo Erectus）大约出现在200万年前，智人（Homo Sapiens）出现在10万年前，而完全的现代人在地球上开始广泛活动则出现在3万年前。约在1万年前，人类进入了农业文明的阶段。

和工业文明三个文明阶段。不同的文明阶段，人与自然的关系截然不同。在漫长的原始文明中，自然是人的主宰，人依附自然，是受自然掌控和驱使的对象。进入农业文明，尽管人类开始能够主动地顺应自然，利用自然规律满足基本的生活需要，但由于生产力水平的低下，人无力全面、深层地改造自然，仍为自然所役使。进入到工业文明阶段，人与自然的实力对比发生了逆转，人成为自然的主人，在向自然索取的过程中毫无节制，以致超出了自然承载的范围，从而彻底打破了人与自然的和谐状态。在最近不到100年的时间里，整个地球的生态环境遭受了前所未有的侵害，出现了愈演愈烈的生态危机。生态危机的恶果不是由人类以外的世界来承担的——尽管在最初的生态破坏中，由于自然的广阔和自我调节能力的发挥，人类可以不用担心生态破坏的后果。但是随着人口的爆炸式增长和人类活动范围的不断扩大，地球变得越来越小，资源变得越来越少，生态环境的恶化已经越来越严重地施加到人类自己身上。在当代社会，人们正面对着看似荒唐却又无奈的悖论：人类在创造更精致、更舒适、更便捷、更健康的生活过程中却需要层层过滤和净化才能用到清洁卫生的水，需要远离城市才能看见湛蓝的天空和满天的繁星，需要花费高昂的价钱才能吃到绿色无公害的食物……人类在追求更高品位和更高享受的生活中却失掉了自然赋予我们的基本生存条件，这无异于使人类的未来成为建在空中的楼阁，当支撑人类生存的生态根基破坏殆尽时，人类上万年来搭建的文明殿堂必将坍塌，人类文明将走上绝路。

人是万物之灵，人能够在挫折中总结教训，能够在危机中进行调整和改变。生态环境的不断恶化促使人类开始反思：传统的工业文明在赋予人类强大的改造世界的能力之后，是否就能给人带来理想的生活？人应该怎样对待自然和环境？人和自然究竟应该形成一种怎样的关系？是否有一种新的文明方式能够消除工业文明的弊端，开创人类美好的未来？于是，蕴含着全新价值伦理、思想观念、生产方式、生活方式等内容的生态文明开始走入人们的视野，成为人类发展的新追求。

二、现代生态文明的萌发

人类社会的文明与进步从来不是在安逸和平静中实现的，危机与灾难才是推动社会向前演进的终极力量。现代社会生态意识的兴起，正是由一场人为的灾难肇始的——DDT 的广泛使用。20 世纪上半叶，DDT 作为一种人造化合物是一种非常有效的杀虫剂，在世界范围内得到普遍使用。由于它对所有昆虫几乎都起作用，对于防治农业病虫害，治疗由蚊虫引起的疟疾、痢疾等传染性疾病发挥了显著的作用。DDT 这一特性的发现者——瑞士化学家米勒也因此获得了诺贝尔奖。但令发明者和使用者都始料未及的是，DDT 的毒害作用可以转移到人和动物身上。它可以在动物和人的脂肪内蓄积，如会导致鸟类的蛋壳软化而不能孵化，使人类荷尔蒙分泌紊乱，导致生殖能力下降以及产生肝脏损害等。1962 年，美国科学家蕾切尔·卡逊（Rachel Carson）经过对 DDT 连续五六年的研究，将滥用杀虫剂造成的环境污染和生态破坏写进了她的著作——《寂静的春天》。在书中她向世人揭示了人类生存在一个系统的生态环境当中，当人破坏掉了生态环境的某一个层级，哪怕是消灭掉以为对自己无益的害虫时，由于生态系统的相互关联和食物链的层层传递，最终毒害会作用于人自身。《寂静的春天》预言人类将生活在一个没有蜂鸣鸟叫的寂静世界里，其一经发表便引发了人们对环境问题前所未有的关注。各种环境保护组织纷纷成立，各国政府也开始将环境问题纳入议事日程。不久，多数国家和地区明令禁止使用 DDT。美国前副总统、著名环保人士戈尔曾评价《寂静的春天》："犹如旷野中的一声呐喊，用它深切的感受、全面的研究和雄辩的论点改变了历史的进程。"

在《寂静的春天》之后，最能够激发人们生态意识的事件当数罗马俱乐部于 1972 年交出的一份研究报告——《增长的极限》。20 世纪 70 年代，正处于西方世界经历"二战"之后的黄金时期，持续的经济增长以及科学技术的迅猛发展，使人类改造自然的能力空前强大，人们开始迷醉于自身的能力，一种基于地球主人的强烈自信开始四处弥漫。然而就在多数人对未来充满信心、对经济预期极为乐观的情绪下，数十名经济学家、科学家、哲学家聚集在罗马猞猁学院探讨人类未来可能出现的危险和困境。由丹尼斯·L.米都斯博士执笔，罗马俱乐部的研究小组在报告中为世人揭示了一个非同寻常的前景——增长终将遭遇极限。报告认为，全球系统中的五个因子，即人口、经济、粮食、资源和环境是按照不同的方式增长的。其中人口、经济属于指数式发展，是无限制的系统；而粮食、资源和环境则是按算术式发展的，属于有限制的系统。两者之间发展速度的不匹配必然导致人口、经济的增长超出其所赖以支撑的粮食、资源和环境增长的极限。并且由于这五个因子之间的反馈环路作用，将会加剧粮食短缺、资源枯竭、环境污染，最终产生经济社会的停滞、倒退，甚至全面的崩溃。罗马俱乐部的报告并非危言耸听式的恐怖预言，而是振聋发聩般的警世箴言。它提醒人类，如果按照现有的方式继续下去，增长的极限将在100年内出现，而人们越早地认识到这一问题并给予改变，就越可能延缓这一临界点的到来。

三、生态文明的世界影响

《寂静的春天》、《增长的极限》等著作起到了生态思想启蒙的作用。在它们的启发下，人们的生态意识被唤起，引发了一系列生态风潮，并产生了世界性的影响。纵观人类进行生态环境保护的历史，共有几个重要的节点：其一，1972年，联合国人类环境会议在斯德哥尔摩召开。大会发表了两份重要的文件——《人类环境宣言》和《只有一个地球》，阐述了人类寻求生态文明的基本思想。其中，《人类环境宣言》中的第一条写道："人类在自然共同体中所享有的举足轻重的特殊地位所赋予他的，不是掠夺的权力，而是保护的责任。"这无疑向世人宣誓，面对自然生态的恶化，人类有责任、有能力重建人与自然、人与环境、人与生态之间的和谐。其二，1987年，挪威首相布伦特兰夫人向联合国提交了一份名为《我们共同的未来》的研究报告，提出人类需要开辟一条全新的发展道路，这条道路"不是一条仅能在若干年内、在若干地方支持人类进步的道路，而应是一条直到遥远的未来都能支持全球人类进步的道路"，即"可持续发展道路"。这份文件还提出，要把保护生态环境当作"我们对其他生命和子孙后代在道义上的义务的一部分"，成为生态文明建设的纲领性文件。其三，1992 年，在巴西里约热内卢召开的联合国环境与发展大会上，公布了《地球宪章》和《21 世纪议程》两份文件，进一步使可持续发展思想得到世界各国的认可和普遍承诺，并为各国实行可持续发展战略提供了行动纲领和行动计划。这次大会促使生态文明在国际社会由关切变为承诺，由思想变为行动，从而为生态文明树立了一个重要里程碑。其四，2002 年，在南非约翰内斯堡召开的"可持续发展世界首脑会议"上，提出了实现可持续发展的三大支柱，即"经济发展、社会进步和环境保护"，指明人类社会要想获得长久的发展和持续的繁荣，必须将经济发展和生态环境的保护紧密结合起来。大会通过了《约翰内斯堡可持续发展承诺》的政治宣言，各国领导人在政治宣言中承诺，将联合采取行动以"拯救我们的星球，促进人类发展，并实现共同的繁荣与和平"，确保可持续发展战略取得实质性进展。其五，2012 年 6 月，联合国在巴西里约热内卢召开了"可持续发展大会"，这是时隔 20 年后又一次在里约召开的可持续发展全球首脑会议。大会通过了《我们憧憬的未来》，号召世界上每一个国家、组织和个人，都将可持续发展付诸行动，去实现人类憧憬的未来。其六，绿色发展已成为全球发展趋势和国际共识，越来越多的国家制定了"零碳"或"碳中和"的时间表。2015 年，《巴黎协定》设定了 21 世纪后半叶实现净零排放的目标。2019 年，《联合国气候变化框架公约》第 25 次缔约方大会上，欧盟委员会宣布欧洲绿色新政，承诺到 2050 年实现净零碳排放，要成为世界上"第一个实现碳中和的大陆"。2022 年，Energy & Climate Intelligence Unit 的净零排放跟踪表统计了各个国家"零碳"和"碳中和"进展情况：已实现的是苏里南、不丹共 2 个国家，已立法的是瑞典、英国、法国、丹麦、新西兰、匈牙利6个国家，处于立法中状态的包括欧盟、智利、斐济等，一些欧盟国家以及哥斯达黎加、马绍尔群岛、南非、中国、日本、韩国等18个国家进行了政策宣示。已经有越来越多的国家以立法和政策宣誓的形式来保护地球，承诺按时完成"碳达峰"、"碳中和"、"零碳"，维护地球生态的全球趋势不可阻挡。

第二节　生态文明与资本主义的关系

一、资本主义的生态批判

人与自然本是辩证统一的关系，但人类发展到资本主义并横扫全球之后，由于资本的自私本性造成了人与自然生态的尖锐对立。资本主义的本质——资本同劳动对立的生产关系决定了资本主义的生产方式，亦即资本主义私有制是破坏自然生态平衡的终极原因。

1. 资本增殖与对自然平衡的侵害

要把握资本与自然环境恶化的关系，必须明确认识资本的内在本性。由资本主义的生产方式所决定，资本的动力在于其自身的增殖性。资本的增殖即追求剩余价值是资本的本性所在和资本存在的意义。马克思指出："资本是创造价值的价值，因而资本不仅是自我保持的价值，而且同时是自我增殖的价值。"[①] 资本的本性决定了它不会满足于现状，它要不断地追求利润增殖，实现剩余价值，除此之外资本没有其他的目的和动力。因而，资本的存在方式总是由一定量的资本扩张到更大量的资本，这种增长是由资本的内在

---

① 《马克思恩格斯全集》（第四十七卷），北京，人民出版社，1979年版，第107页。

本性所决定的，也是资本的本能。问题是：资本无限扩张的本性是否具有极限？资本的膨胀能够自我控制吗？"资本的合乎目的的活动只能是发财致富，也就是使自身增大或增殖。"① 资本内在的无限扩张的本性同外在量的形式发生矛盾的时候，资本的界限就产生了。但资本不会屈从外在的界限，其内在的本性决定了资本一定要突破自身的界限，去实现不断的增殖，并且这种增殖的欲望贯穿于资本主义生产的始终。

资本增殖导致自然环境的恶化。这表现为资本无限的欲望必然导致无限的扩张，资本的贪婪本性是没有极限的，这同自然生态系统的有限性产生了尖锐的对立。资本这种为了增长而增长的本性，只满足于其自身积累的增长，创造出的物质财富只不过是谋求下一数量级的更多财富的手段。资本的逻辑是，只要有利可图，哪管洪水滔天。资本在追求增殖的手段选择上没有任何顾忌，对于自然生态的破坏毫不吝惜。资本增殖的不择手段使资本主义的生产方式演变成为能够摧毁一切的破坏性力量。自然环境在这种力量的摧残下，已经愈发羸弱不堪，用不断发生的灾害向人类展示自然的警示。自然与人是一荣俱荣、一损俱损的，自然对人类的报复是自身受到严重伤害的应然结果。人为的问题，需要人去解决。人类抱怨自然，不如抱怨自身。资本的贪欲必须得到控制，否则自然的覆灭也就是人类的覆灭。

2. 人的物化与以人为本的冲突

资本的内在本性是对利润的无限追求，也就是要更多地占有剩余价值、占有抽象劳动，这表现为资本主义的生产目的——为了获取交换价值，而不是获得使用价值。交换价值只对资本家有意义，工人消耗活劳动则是为了获得使用价值。在资本主义生产条件下，商品的二重性产生了分离，资本家为了获得交换价值就要让渡使用价值，工人要想获得使用价值就必须让渡交换价值。离开交换价值资本就无法增殖，资本也就失去了存在的意义；而离开

①《马克思恩格斯全集》（第四十六卷上册），北京，人民出版社，1979 年版，第 226 页。

使用价值的工人，劳动力就不能恢复，甚至连生存都不能延续。因此，在资本的操纵下，人的生产活动就成了为了物的生产而生产，使人的本性渐渐从人自身中剥离出去，使人的劳动变成了资本扩张过程中的一个齿轮、工具，成为被迫的、无意义的、异化的劳动。劳动本应是人区别于动物的本质属性，然而在资本主义生产方式下，劳动不再具有让人成为人的意义，人的劳动仅仅是为了换取维持生命活动的消费品而存在，人在劳动过程中丝毫体会不到愉悦和享受。资本的本性让人的劳动脱离人的属性，降低为生物的属性，这不仅是对劳动意义的否定，更是对人性的扭曲。

人在劳动的过程中无法实现自我满足，便把对幸福的追求转向消费领域，从而把人引向"商品拜物教"、"货币拜物教"，产生了消费主义的消费异化。消费异化实际上就是对于商品无止境的追求，通过获得更多、更好、更精美的消费品，来弥补在生产领域造成的对人性的扭曲与压抑。然而消费异化的结果并不能使人成为更有意义的主体，相反，随之而来的是人愈演愈烈的对物的依赖，使人越发成为物的附属品。马克思曾经指出消费应该是有限度的，消费由生产决定，消费在量上应该受到生产的制约。然而，资本不断突破自身的局限，促使生产一味地扩大，生产已经超出了人实际需要的界限。因而，资本主义的生产能力越强，越需要广大的消费市场，而消费异化使人超出自身合理需要的范围而盲目扩大消费，这满足了市场扩容的需求，消费的扩张进而又促进了资本主义生产能力的增强。这时的生产已不仅仅是产品的生产，而且同时也是消费欲望和消费激情的生产，是消费者的生产（王宁，2001）。由此，产生了"生产—消费—更大生产—更多消费"的循环。这种生产方式和消费理念不再是以满足人的生存需要、发展需要为目标，而是以满足人的虚荣、贪婪为目标，这是永远没有终点的。这样一来，由资本决定的人的物化过程就贯穿于资本主义的生产、消费和社会关系的全部，贯穿于资本主义从表象到本质，从前提到结果，从目的到意义的始终。资本导致人的物化过程就是远离以人为本的过程，不是谋求人的全面自由的发展，而是脱离人的属性的异化满足；不是将人的发展作为一个永续的过程，追求与自然生态的平衡、和谐、一致，而是追求物质利益的最大化，实现资本利润的最大化。这必将割裂人与自然生态的一致与和谐，导致生态危机的爆发。

3. 工具观念与生态文明的对立

资本的本性决定了自然只是自身增殖的条件，只具备了工具性的意义，这就是资本主义社会资产阶级对自然环境认识中占主导地位的工具观念。资本的动力就是追求利润，资本家从来不会把实现人与自然的和谐共处，实现生产、消费与人的生活协调平衡当作自己的目标，相反，他们要尽可能地控制自然、控制人，以保证自己获得利润的前提、手段和条件，用最少的成本生产最大的交换价值。在资本家的眼里，自然只是资源和能源天然的提供者，他们从不会把"生态成本"计算到"生产成本"之中，这种违背生态文明的工具观念，导致自然生态的天然平衡被毫无顾忌地打破。

为了获得利润，资本必须要强化对自然的控制，这是资产阶级视自然为工具的必然结果。从人类社会总体发展过程看，资本主义工业化意味着生产的发展、社会的进步、现代化的提升。在科学技术的支持下，资本主义对自然取得了全面的胜利，致使人对于自然的依附地位发生了根本性的蜕变，人成为自然的主人及其所有者，自然仅仅作为人的劳动对象和资料而存在。资本对于自然的掌控范围越来越广，程度越来越深，从自然界直接索取自然物到运用科技手段人造自然物，其目的只有一个即投入到工业化的生产中，赚取利润和财富。这种资本主义的生产方式，是违背自然生态规律的：资本主义的生产总是扩大再生产，这种生产对于自身而言是一种螺旋结构，对于自然而言则是线性结构。资本关注的只是自身的增殖和利润的增长，在它自身的发展中要求实现财富的不断积累，进而更多地生产、更多地消费。然而，在此之外，资本不会牺牲既得利益去保证生态的循环，它不会像前资本主义社会那样把生产的废物按照生态律纳入到循环之中，而是贯穿着这样一根直线：从资源地到废物堆（陈学明，2003）。单向的线性体系，意味着是一端的无限缩小和另一端的无限膨胀，也就是自然资源的不断减少和生态废物不断增多的过程，这种畸形结构的发展只能导致自然生态被破坏程度的日益加剧。

按照资本主义生产方式发展起来的大工业，其经济体系与生态体系的不兼容，割裂了人类社会同自然界的合理的物质变换过程。马克思认为，在资本主义大工业发展以前，人类社会和自然界是循环共生的，劳动作为"人和自然之间的物质变化过程"，能够实现人与自然之间能量、物质、信息的有机连接，即人类社会从自然界汲取养分，又把人类社会中的废物以另一种养分的形式返还给自然，这一切都在彼此能够接纳的范围内。但是，现代工业化，特别是城市化的发展，人与土地的分离造成了养分循环的断裂。马克思对此有着深刻的批判："资本主义生产使它汇集在各大中心的城市人口越来越占优势，这样一来，它一方面聚集着社会的历史动力，另一方面又破坏着人和土地之间的物质变换，也就是使人以衣食形式消费掉的土地的组成部分不能回到土地，从而破坏土地持久肥力的永恒的自然条件。"① 在工业化初期，人们笃信科技是万能的，科技能够解决人类面临的一切难题。但是，这种观念随着信息时代各种危机的爆发而发生了改变，人们越发认识到，科学技术给人类带来的不仅有进步，也有消极的一面。人们总是幻想用新的科技解决以往的问题，但是没有料想到新的科技又带来新的问题。在资本主义条件下，科学技术的运用同样遵循着资产阶级工具观念的逻辑，发展科学技术的意义在于为资本服务，去赚取更多的利润。因此，资本主义的科学技术进步是不能从根本解决自然环境的破坏问题的。马克思在对物质变换断裂的分析中，强调了技术不仅不能解决这一问题，反而是加剧这一问题的因素，他说："资本主义农业的任何进步，都不仅是掠夺劳动者的技巧的进步，而且是掠夺土地的技巧的进步，在一定时期内提高土地肥力的任何进步，同时也

---

① 《马克思恩格斯全集》（第二十三卷），北京，人民出版社，1972年版，第552页。

是破坏土地肥力持久源泉的进步。一个国家，如北美合众国，越是以大工业作为自己发展的基础，这个破坏过程就越迅速。因此，资本主义生产发展了社会生产过程的技术和结合，只是由于它同时破坏了一切财富的源泉——土地和工人。"① 这里，马克思并没有把对问题根源的分析停留在表层——技术的无力和循环的断裂，而是直指问题的本质——资本主义的生产方式和资本主义制度才是破坏自然的罪魁祸首。

二、辩证自然观的生态启示

1. 正确对待人与自然的对立与统一

人与自然的辩证关系告诉我们，维护自然生态的和谐必须要重新审视人与自然的关系。对于人与自然的关系，理论界形成了两种不同的观点，即人类中心主义和生态中心主义。在人类中心主义的论调中，强调的是人的权利的至高性，人对于自然应该有绝对的支配权，自然作为人类所需的物质存在，完全是依附性的。在生态中心主义的观念中，则将生态自然赋予了完全与人平等的权利，人不能因为追求自己的发展而去损害自然生态的平衡。无论是人类中心主义还是生态中心主义，通过马克思主义人与自然的辩证关系理论去分析，发现它们都是存在问题的。一个根本性的弊病在于两者只看到了人与自然的对立性，把人和自然置于矛盾的双方，要么是人类征服自然，要么是人类顺从自然，这都没有正确反映人与自然的关系。辩证统一思想告诉我们，人与自然的关系是既对立又统一的，是对立和统一的辩证结合。需要注意的是，人与自然的对立并不是说人可以不受限制地向自然索取，肆无忌惮地破坏自然，而是要遵循自然的规律，限定在一定范围内。同样，人与自然的统一并不是说将人以外的自然物都拿来与人相提并论，把人类的理性原则施加于一切非人的物质之上。建立人与自然的辩证统一关系，一方面要摒除

---

① 《马克思恩格斯文集》（第五卷），北京，人民出版社，2009 年版，第 579 页。

人类中心主义的片面性，约束人的破坏性行为，承认自然是有限度和边界的，不能恣意索取而不加保护。另一方面也需要认识到否定人类中心主义并不是否定人的主体性与核心价值。人是自然界亿万年演化的结晶，是地球生命发展的最高形式，人的理性、道德、伦理、情感都是人类所独有的，人有意识的活动使人区别于万物，人的价值的实现才是世界的最高价值。因此，建设一个生态文明的社会或者国家，不是说把自然放在最核心的位置，为了保护自然而停止人类的活动、停止发展的脚步。相反，维护自然生态的和谐与美好，保障自然环境不受破坏与掠夺性的索取恰恰是为了人类本身，是为了人类子孙后代长远发展。

是否应该把人与人之间的理性与伦理关系推广到非人类的自然物身上，这是一个需要进行分析的命题。法国学者史怀泽说："只有当一个人把植物和动物的生命看得与他的同胞的生命同样重要的时候，他才是真正有道德的人。"这一观点固然彰显了人对生命的尊重与敬畏，呈现出一种关怀万物的道德风范。但是，将人类的伦理道德观简单地、直接地投射到自然界上，在现实中却是行不通的。例如，从人类的食物选择上看，无论是谷物、蔬菜还是肉类都是维持人类生存必需的能量来源，如果将这些都看成同人类具有同等价值的生命，那么人类还怎么生存？人类的衣、食、住、行都离不开自然物，如果以不伤害自然万物为原则，人类将衣不蔽体、食不果腹，住无所居、寸步难行。因此，在推崇自然的价值和生态的地位时，不能从人类中心主义的极端走向生态中心主义的极端。人类征服自然、利用自然并不必然导致生态的破坏和自然的覆灭，更不必然导向自然跪拜主义和未来悲观主义。正是因为人是有意识、有理性的，人可以控制自己的行为，可以深化对生态环境的认识，在开发和利用生态环境的同时，也需要给予保护和补偿。之所以仍然发生生态环境恶化和生态危机的不断出现的情况，是由于开发利用、损毁破坏同反馈补偿、保护改善的不平衡、不同步、不到位。只有在坚持人类主体地位的前提下，不断深化对自然规律的认识，不断提升科学技术的发展水平，不断加强环境保护的意识与能力，人与自然的和谐关系是能够重新建立起来的。

2. 对自然的利用必须符合规律性

自然界与人类社会都是在不断发展变化的，都要经历一个产生、发展、灭亡的过程中，都是受到一定的客观规律支配的。人是有意识的高等动物，他可以通过不断地实践探索和经验总结，逐步深化对自身、对社会、对自然规律的认识，通过合乎规律的主观能动活动，建立人同社会、同自然的和谐关系。当人违背规律时，其行为会遭到自然的"报复"，使人类承受灾难和苦痛。这里所说的"报复"，并不是指自然界可以自己选择对人类施加的作用和影响，而仍然是自然规律作用的结果。既然自然万物有着自身的活动规律，人作为"自然的对立物"，对自然发挥能动作用时，只有遵循、符合这些规律，才能获得自己预期和理想的结果。反之，当人的主观行为与自然规律并不一致，自然界却仍然按照自己的规律运行时，人的主观行为就变成了无用功，人类就不能达到预期的目的，得到理想的结果。更为糟糕的是，由于人对自然规律的无知与轻视，盲目、执拗地违背自然规律，甚至与自然规律背道而驰，加速了自然的恶化，结果人类不仅得不到想要的，反而得到了不想要的，如灾难、痛苦和死亡。自然对于人类的惩罚是无意识的，而人类的活动却是有意识的，人类要在自然的必然王国中获得自由——即得到有益于人的预期结果，就必须认识和把握自然规律，按照规律发挥人类的作用。

按规律行事，是一个亘古不变的真理，对人类来说也是一个永无止境的过程。在人类文明刚刚兴起之际，人对自身与自然关系的认识长期处于一种蒙昧、肤浅的状态之中，因而对自然的作用也是浅层的、狭窄的、有限的。但是，借助科学技术的发展，人类的力量产生了几何级的增长，对自然能动的作用也就变成深层的、全面的、高强度的。同时，尽管人对自然规律的认识虽然也有了更加深入和全面的认识，但还远没有达到穷尽的程度。在人类的核武器可以上百次毁灭人类的今天，人类仍然常常违背自然规律刻意施加影响，而最终带来的"报复性惩罚"也将比以往来得更大、更深重。为此，人类需要审慎施加自身巨大的能动力量，以更加长远、宽泛和深入的视角来探寻自然的规律性，以合乎规律的行动来实现人与自然的长久和谐。

3. 在社会主义条件下实现人与自然的和解

在人与自然的关系中，劳动是一个不可或缺的环节，劳动构成了人与自然的关系，同时也构成了人与人之间的关系，形成了人的社会关系。这一切关系形成的中介就是以劳动为基础的生产实践。生产实践对自然及人类社会的作用都是巨大的。在原始社会，由于人的生产能力低下，生产实践活动仅能满足最基本的生存条件，没有多余的剩余产品，实行的是原始的共产主义制度。那时，人同自然是一种完全依附的关系，人还没有完全从自然中独立出来，因而对自然的影响同其他生物一样，不具备大规模改造和破坏自然的力量。随着人类生产能力的提高，出现了剩余产品，私有制也应运而生。从此以后，在私有制条件下，"人们为了自身的利益，不惜以任何方式去向自然界索取，自然界从此遇上了贪婪残暴的主人。这种状况在资本主义社会发展到了极致，因为资本主义是私有制发展的最高形式，从而也使得自然环境和生态状况的恶化、自然资源的浪费达到极致"。① 贪婪的主人带来了极致的后果，人与自然的对立与矛盾也发展到历史上无以复加的地步。那么，怎样才能改变人类社会存在的人与自然的对抗关系，实现人与自然的和解与和谐？辩证唯物主义和历史唯物主义提出了解决的方案。

马克思在《1857～1858年经济学手稿》中，从人与自然、人与人之间关系的角度，对人类社会发展的形态进行了阐释，他指出人类社会存在三种形态，第一种形态是人的依赖关系。在这种社会形态下，人必须依赖自然才能生存，"自然界起初是作为一种完全异己的、有无限威力的和不可制服的力量与人们对立的，人们同自然界的关系完全像动物同自然界的关系一样，人

---

① 李士坤：《运用马克思恩格斯人与自然关系的理论指导"两型社会"建设的实践》，载李崇富等：《生态文明研究与"两型社会"建设》，北京，中国社会科学出版社，2011年版，第47页。

们就像牲畜一样慑服于自然界"。① 人与自然的关系制约着人与人之间的关系，人对自然的依赖关系决定了人与人的关系只能建立在同自然抗争的人类共同体上，也就产生了人对人的依赖。第二种形态是对物的依赖关系。对物的依赖是资本主义生产方式呈现出来的普遍形态。在资本主义社会中，"一切产品和活动转化为交换价值，既要以生产中人的（历史的）一切固定的依赖关系的解体为前提，又要以生产者互相间的全面的依赖为前提。每个个人的生产依赖于其他一切人的生产；同样，他的产品转化为他本人的生活资料，也要依赖于其他一切人的消费"②。这时，"活动和产品的普遍交换已成为每一单个人的生存条件，这种普遍交换，他们的相互联系，表现为对他们本身来说是异己的、独立的东西，表现为一种物。在交换价值上，人的社会关系转化为物的社会关系；人的能力转化为物的能力"③。既然"物"不仅成为人的生活依赖，甚至成为人的社会关系，则必然导致对"物"的贪婪追求和无限夸大，进而产生了生态的巨大破坏和人与自然的对抗加剧。第三种形态是人和社会全面发展的形态，即共产主义形态。这种形态是"建立在个人全面发展和他们共同的、社会的生产能力成为从属于他们的社会财富这一基础上的自由个性"。在共产主义社会，"社会化的人，联合起来的生产者，将合理地调节他们和自然之间的物质变换，把它置于他们的共同控制之下，而不让它作为一种盲目的力量来统治自己；靠消耗最小的力量，在最无愧于和最适合他们的人类本性的条件下来进行这种物质变换"④。只有这种人与自然最科学、最节约、最适宜的物质交换过程，才能从根本上消除人与自然的对立和异化，达到人的自然化和自然人化的和谐统一，实现人与自然的真正和解。正如马克思所做的经典论断："这种共产主义，作为完成了的自然主义，等

---

① 《马克思恩格斯文集》（第一卷），北京，人民出版社，2009 年版，第 534 页。
② 《马克思恩格斯文集》（第八卷），北京，人民出版社，2009 年版，第 50 页。
③ 《马克思恩格斯文集》（第八卷），北京，人民出版社，2009 年版，第 51 页。
④ 《马克思恩格斯文集》（第七卷），北京，人民出版社，2009 年版，第 928 页。

于人道主义，而作为完成了的人道主义，等于自然主义，它是人和自然界之间、人和人之间的矛盾的真正解决，是存在和本质、对象化和自我确证、自由和必然、个体和类之间的斗争的真正解决。"①

从马克思对未来共产主义社会的描绘中，我们看到了一个人与自然能够实现和解、和睦与和谐的世界。实现这一目标的过程，也就是人类从工业文明向生态文明演进的过程。为此，要不断摒除资本主义生产方式所带来的生态弊病，逐步向能够实现生态文明的社会主义、共产主义方向迈进，在未来美好的社会制度中，实现人的全面发展和人与自然的和谐共生。

第三节　中国生态文明思想的形成和发展

一、生态文明思想在中国的创新发展

中国最早关于生态文明的思想来自学术研讨。1987 年 5 月，在全国生态农业研讨会上，与会专家叶谦吉说："我们要大力提倡生态文明建设。所谓生态文明，就是人类既获利于自然，又还利于自然，在改造自然的同时又保护自然，人与自然之间保持着和谐统一的关系。"这是目前查阅到的与生态文明概念吻合的最早成文表述。20 世纪 90 年代后，中国各界学者纷纷发表著述，对生态文明在各个学术领域开展研究。例如，1990 年，谢光前发表《社会主义生态文明初探》；1993 年，沈晓辉、李宗超和刘粤相继发表《走向生态文明》、《全球生态文明观——地球表层信息增值范型》等文章。1992年，张海源的著作《生产实践与生态文明——关于环境问题的哲学思考》出

---

① 《马克思恩格斯文集》（第一卷），北京，人民出版社，2009 年版，第 185 页。

版，成为第一本名称包含"生态文明"的书。第一本关于专门探讨"生态文明"的专著，是刘湘溶于1999年出版的《生态文明论》。当时，学者们已经认识到，环境问题是全球性问题，环境的恶化必将对世界文明带来严重恶果，为了拯救自己和世界，人们必须对传统生活方式、生产方式和思维方式进行一场深刻的变革，需要建立与大自然和谐相处、互不损害、共同繁荣的关系。这就指向了新的文明形态——生态文明。学者们提出，生态文明不仅要追求经济、社会的进步，而且要追求生态进步，创建人类与自然协同进化，经济社会与生物圈协同进化的文明。生态文明的思想观念逐渐被社会广泛认同、接纳，并被中国共产党和中国政府所采纳，逐步形成了指导中国社会主义实践的生态文明政策和方略。

党的十七大报告指出："建立生态文明，基本形成节约能源资源和保护生态环境的产业结构、增长方式、消费模式。循环经济形成较大规模，可再生能源比重显著上升。主要污染物排放得到有效控制，生态环境质量明显改善。生态文明观念在全社会牢固树立。"这是在党的历次代表大会的报告中首次提出并阐发了"生态文明"思想，开启了中国生态文明研究阐释、宣传推广和社会实践的新起点。此后，生态文明的研究和宣传受到了广泛而普遍的重视，生态文明建设在更高维度上将生态和环境保护统合其中。

党的十八大报告提出了"经济建设、政治建设、文化建设、社会建设、生态文明建设五位一体"的"总体布局"，并指出："建设生态文明，是关系人民福祉、关乎民族未来的长远大计。面对资源约束趋紧、环境污染严重、生态系统退化的严峻形势，必须树立尊重自然、顺应自然、保护自然的生态文明理念，把生态文明建设放在突出地位，融入经济建设、政治建设、文化建设、社会建设各方面和全过程，努力建设美丽中国，实现中华民族永续发展。"十八大报告还指出："我们一定要更加自觉地珍爱自然，更加积极地保护生态，努力走向社会主义生态文明新时代。"中国共产党将生态文明建设纳入"五位一体"总体布局，将生态文明作为建设社会主义中国不可或缺的一方面，标志着中国进入了建设生态文明的新时代。将生态文明与经济、政治并驾齐驱作为国家建设的战略布局，不仅在中国历史上从未有过，即便是在全世界领域也属于理论和政策的重大突破。

党的十九大报告指出："建设生态文明是中华民族永续发展的千年大计。必须树立和践行绿水青山就是金山银山的理念，坚持节约资源和保护环境的基本国策，像对待生命一样对待生态环境，统筹山水林田湖草系统治理，实行最严格的生态环境保护制度，形成绿色发展方式和生活方式，坚定走生产发展、生活富裕、生态良好的文明发展道路，建设美丽中国，为人民创造良好生产生活环境，为全球生态安全做出贡献。"中国共产党将建设生态文明作为"千年大计"与民族未来和社会发展交融与共，进一步明确了生态文明的基础性、长期性、关键性地位。同时，将"美丽中国"建设作为生态文明建设的重要方向，标志着生态文明不仅服务于生产生活需要，还指向了人民对更美好生活的向往、国家社会更高质量的发展目标，对生态文明建设提出了新的更高要求。

2021 年 10 月，习近平总书记在庆祝中国共产党成立 100 周年大会上指出："我们坚持和发展中国特色社会主义，推动物质文明、政治文明、精神文明、社会文明、生态文明协调发展，创造了中国式现代化新道路，创造了人类文明新形态。"昭示了生态文明是中国式现代化的必要组成部分，生态文明是人类发展到新文明形态的重要表征。2022 年 11 月党的二十大召开，二十大报告指出"中国式现代化是人与自然和谐共生的现代化"，建设生态文明、实现人与自然和谐共生是中国式现代化的本质要求。报告明确了中国生态文明建设的总基调是推动绿色发展，促进人与自然和谐共生，提出了打好蓝天、碧水、净土保卫战，健全现代环境治理体系，大力开展生态保护修复，持续积极稳妥推进实现碳达峰、碳中和等持续推动生态文明建设的战略思路与方法。新时代的生态文明建设，既要坚定践行绿水青山就是金山银山的理念，站在人与自然和谐共生的角度谋划发展，书写美丽中国建设新篇章；

又要积极树立"人类命运共同体"观念，指出生态文明建设事关人类的生存和发展，中国要以负责任大国的担当与作为，兑现中国碳达峰、碳中和承诺，积极参与应对气候变化全球治理，让绿色低碳成为共建"一带一路"的底色，为世界可持续发展作出力所能及的贡献。

二、生态文明与中国特色社会主义的一致性

中国共产党和中国人民经过长期的探索和总结，逐步形成了一套完备的中国特色社会主义体系，揭示了我国社会主义建设的客观规律。中国共产党从十七大提出"生态文明"，到十八大将"生态文明"纳入中国特色社会主义现代化建设"五位一体"总体布局并写入党章，到十九大后将"生态文明"写入宪法，再到二十大部署推进生态文明建设一系列战略任务和重大举措，生态文明已经成为中国实现民族复兴，实现现代化乃至永续发展不可或缺的组成部分，是中国特色社会主义的应有之义。中国特色社会主义与生态文明有着高度的关联性和一致性。

从社会主义的基本原则看，生态文明与社会主义的价值理念是一致的。首先，表现在对超越资本主义的人的价值复归上。人们之所以将社会主义、共产主义定义为人类未来的理想社会，值得几代人、十几代人甚至几十代人为之不懈地努力，关键就在于，人们对于现今剥削制度社会的失望与不满，这集中体现在对资本主义制度的反思与批判上。马克思将资本主义社会归纳为对物依赖的社会，在这样的社会中，人成为物的傀儡，物的欲望支配着人类的行为和活动，从而使人性不能得到完整实现。马克思主义认为资本主义必然灭亡，社会主义必然胜利的原因在于社会主义能够摆脱资本对人的钳制，使人得到完整与自由的发展。如果社会主义的本质特征和核心价值在于创建一种与资本主义的生活方式不一样的、以实现人的全面发展为宗旨、以真正满足属于人的功能与需求为主要内容的存在方式，如果中国特色社会主义坚持这样一种社会主义的本质特征和核心价值，那么，中国人民在从事中国特

色社会主义的伟大事业的进程中，也就必然会把建设生态文明作为一个重要的战略任务（陈学明，2008）。只有在人与内在世界与外在世界的和解与互促的条件下，才能实现人的功能与本性的回归。在资本主义社会中，在资本法则的作用下，无法完成这种复归，只能加剧人与自然的尖锐冲突和对立，人真正意义上的价值无法实现。社会主义的核心价值就是人的价值，人的价值的实现需要人与自然的和解，这也正是生态文明追求的目标。生态文明思想认为人是价值的核心，但不是自然的主宰，只有实现人与自然的和谐，才能实现人的全面发展。

其次，体现在对社会主义本质的理解上。以往我们将对社会主义本质的表述归结为："解放和发展生产力，消灭剥削，消除两极分化，最终达到共同富裕。"这种理解，突出反映的是经济的增长和人民的富裕。但是人民富裕并不等同于人民幸福，经济层面的满足不能替代生存条件的改善，靠牺牲自然环境能够换来一时的富裕，却无法得到长久的幸福。中国共产党所追求的生态文明新理念，是在更高起点上对社会主义本质内涵的新发展和新丰富，在实现生活富裕的基础上建设生态文明的新社会也是对社会主义本质的新诠释和新体现。此外，生态文明坚持的可持续发展理念、公平正义理念等都与社会主义的基本价值相一致。因此，我国在建设社会主义的进程中，将生态文明作为一个重要组成部分正是社会主义共性的要求和本质的体现。

中国特色社会主义最大的特性就在于它适合我国社会主义初级阶段的基本国情和现实状况。经过改革开放40多年的建设，我国已经跃居为世界第二大经济体，特别是中国特色社会主义进入新时代，我国社会主要矛盾已经转化为人民日益增长的美好生活需要和不平衡不充分的发展之间的矛盾。主要矛盾发生了变化，但是我国仍处于并将长期处于社会主义初级阶段的基本国情没有变。中国特色社会主义建设，如果脱离当代中国的基本国情，不符合中国社会的现实状况，不适应自身的国际地位，就不可能展现出自己独特的民族性、强大的适应性和旺盛的生命力。那么什么是社会主义初级阶段最大的国情呢？我国的自然状况和发展阶段是一个重要方面。尽管中国国土面积居世界第三位，但却是自然资源匮乏的国家之一。在 14 亿人口的巨大压力下，绝大多数的自然资源、能源的人均占有量在世界平均水平以下。根据国家统计局 2021 年公布的信息，我国人均耕地面积不到全球平均水平的 1/2，人均水资源量大概占全球平均水平的 1/4，油气、铁矿等一些大宗矿产资源人均拥有量也明显低于世界平均水平。我国万元国内生产总值能耗大概是 0.55 吨标准煤，也明显高于世界平均水平。单位产出消耗的钢材、铜、铝量也高于世界平均水平。在自然条件先天不足的状况下，我国却处在工业化、信息化、城镇化、农业现代化转型尚未完全实现的攻坚阶段，现实的生产方式仍需要消耗大量的资源和能源。当前，我国化学需氧量、二氧化硫、汞、消耗臭氧层物质排放量都位居世界第一，二氧化碳排放量位居世界第二。作为一个传统的农业国家，我们经过前期大量的努力初步建立起了工业文明的物质基础，正通过工业文明的累积转向新的科技社会、信息社会、文化社会。在实现这种转向之前，工业文明的高度发达是不可跨越的历史阶段，只有经由工业文明的积累，才能建成现代化的社会主义社会。但是在自然资源十分匮乏的情况下，我们必须提早认识到，随着自然生态问题的日益严重和不可修复的破坏愈演愈烈，不及时对自然生态加以保护，可能在我们建成社会主义社会甚至在实现社会主义现代化之前就已经把仅有的生态资源消耗殆尽了。对于当代中国而言，不能像发达国家那样搞"先污染，后治理"的路子——在完成工业化和现代化之后再去建设生态社会和生态文明，我们必须在工业化的同时进行环境治理和保护，让自然生态始终保持在一个健康的范围之内，为我们的社会建设和发展提供源源不竭的资源动力。因此，中国的生态文明建设根植于中国的基本国情，是社会主义现代化建设的必然选择，离开生态文明去建设中国特色的社会主义，既脱离实际，也不可能实现。

综上所述，生态文明建设既是对社会主义基本原理和价值的体现，也是社会主义与中国实际相结合的现实要求。中国特色社会主义与生态文明有着从理论到实践的内在一致性。

三、生态文明是现代文明的新范式

生态文明是对工业文明的扬弃。对于生态文明和工业文明的关系，理论界存在分歧。一派为"修补论"，认为生态文明是工业文明的接续和改良，长期以来的现代工业文明不文明地对待环境生态，造成了全球性的环境污染、生态破坏和气候变化。生态文明则通过人类保护环境、维护生态健康的积极努力和文明行为补上工业文明缺失的这一维度，现代工业文明的伟大成就便可得以继承。另一派为"替代论"，认为现代性的根本信念，如自然观、价值观、知识论是错误的，现代工业文明的各个维度都是反自然的、反生态的，主张彻底超越现代工业文明，建设一种崭新的文明——生态文明就是彻底超越现代工业文明的一种崭新的文明。两种不同的认识对人类社会的形态进行了不同类型的区分。在前一种观念中，现代文明是由物质文明、精神文明、政治文明和生态文明等构成，生态文明只是文明的一个组成部分，而现代文明是在工业文明的基础上发展起来的，生态文明是更加完善的工业文明，生态文明不应脱离工业文明单独存在。在后一种观念中，从历史上看，人类社会的演进过程则是原始文明、农业文明、工业文明、生态文明，如今工业文明已经进入到转型期，应该被更高阶段的生态文明所取代。两种争论实际上对我们认识生态文明和工业文明都具有很强的启发作用，"修补论"对工业文明具有很强的包容性，对现代性展现出亲和力，有利于我们认识两者的内在联系。生态文明需要继承工业文明的诸多文明成果，工业文明是建设生态文明的物质基础和技术前提，人类社会还不能脱离工业的主导性力量。即便工业文明存在着破坏生态环境以换取经济增长的情况，但发展是第一位的，以保护生态环境为由放弃经济发展是不理智的。生态出现的问题也需要通过工业的发展积累物质和技术条件，如发展清洁能源、环保生产、生态技术、循环经济等都需要工业文明的支撑。"替代论"则更具有思想的彻底性和深刻性，让我们看到两者确实存在难以跨越的鸿沟。现代工业文明在多个维度上是与生态文明基本构架不相容的。从物质层面上看，现代工业产品总是污染环境的，是破坏生态健康的。从制度上看，由工业文明按照"资本的逻辑"总在激励着人们的物质贪欲。从科技方面上看，现代科技的滥用与全球性的环境破坏有着内在的关联。从观念上看，物质主义、消费主义支持着"大量生产—大量消费—大量废弃"的生产生活方式，而这种生产生活方式恰好是全球性生态危机的直接根源。只有超越了现代工业文明，才可能建设生态文明。两种争论都不是完善的理论，或许只有两者结合，各取所长，才能更加深刻地认识生态文明的特性。无论是"修补"还是"替代"，工业文明确实是生态文明的母胎，生态文明将是人类向更高文明进发的必经之路。

生态文明是对西方文明的超越。西方文明是资本主义世界按照"资本的逻辑"建立起来的文明形态。资本主义把经济增长看作最高目标，要求人类的一切活动，无论是政治、科学、技术、军事乃至文化、艺术、宗教、体育都要服务或服从于经济增长。"资本的逻辑"在于"不增长毋宁死"（Grow or Die）。只有经济的增长才能兑现为财富的增长，其中隐含的逻辑是财富的增长是没有极限的。西方发达国家 20% 的人口，消耗了世界 80% 的资源，少数富人们享受丰富资源供给和优渥生活的同时，大多数贫困人群却陷入短缺和匮乏的生活。联合国世界粮食计划署表示，2022 年"每天晚上有多达 8.28 亿人在饥饿中入睡"，"3.45 亿人面临严重的粮食危机"。按照资本主义对于经济的理解，经济的增长可以解决一切问题，只要不断提升生产和消费，不断做大经济总量的"蛋糕"，即便穷人只能分到蛋糕屑，也足以享受到发达"西方文明"的成果，获得越来越好的生活。这里的潜台词是，穷人不必在乎分配制度的不公，只要坐上资本主义高速发展的列车，就可以衣食无忧。但实际上这只能是资本家给穷人开出的空头支票。经济的增长、财富的累加都是有极限的，"天花板"就是全球生态环境的支撑度，如果想让全世界人都过上"西方式"的富足生活，全球生态系统早就崩溃掉了。根据世界自然基金会公布的信息，我们的生活方式过度消耗了自然资源，使用的资源量超过了地球供给的50%。如果不改变这一趋势，在不远的未来，即使两个地球的资源也不能满足我们的需求。

资本主义主导的西方文明与生态文明是难以兼容的。在资本逻辑的指挥下，资本主义世界对自然资源、矿物资源的生产和消费形成的副产品会造成严重的环境污染、生态破坏。但西方国家通过全球化手段，将污染和破坏转移到发展中国家，而自身却享受着良好的自然生态环境。在技术上，西方主张的是征服自然、战胜自然的技术，技术的作用就在于不断增强人征服自然的能力，彰显的是人与自然的对抗，标榜处处体现人的力量的世界才是文明的标志。在理念上，崇尚的是实用主义的世界观、物质主义的价值观，推行"大量生产、大量消费"的社会经济运行体系。西方文明在社会生活和民众中不断激励物质主义、经济主义和消费主义，导致民众的精神幻灭、道德滑坡和物欲横流。而生态文明追求的是与西方资本主义文明不同的形态，生产的产品和消费的物品是亲近自然、顺应生态的物品，人工添加的、化学的、工业化的物品越来越受到摒弃；采用的技术是符合生态的环保技术、绿色技术，技术更加追求与自然的和谐而不是对抗和征服；生态文明所运行的制度，应该是建立在鼓励绿色生产、消费和交往的制度，不再以追究经济增长和财富价值为核心取向，而是考虑到生态自然的承受能力，限制人的无限欲望和过度消费行为。生态文明的观念是"人与自然和谐共生"、"人类命运共同体"的和谐自然观和人类整体观。生态文明所追求的生产、消费、技术、制度、观念等与西方资本主义的文明方式显著不同。

生态文明是中华文明复兴的必由之路。由西方定义的现代文明，是以工业文明为基底，以西方文明为主导的文明范式。这种文明模式在推进世界进步、经济发展的同时暴露出越发严重的危机，表现在以生态危机为主要形式的全球问题难以遏制——臭氧空洞扩大、森林面积锐减、荒漠化严重、生物多样性快速丧失以及频发的粮食危机、淡水危机、能源危机等。中国在推进现代化的进程中，我们也大幅度借鉴了工业文明的生产消费方式，在很长一段时间内追求经济发展的高速度，以 GDP 的增长作为主要的发展指标。高效率、高产出、高消耗的生产方式让西方发达国家在几百年出现的环境资源问题，在我国几十年的快速发展中集中出现了水污染、空气污染、土壤污染等较为严重的问题，食品安全、药品安全、环境安全问题也时有发生。我国人口众多、人均资源不足、生态环境脆弱，走西方工业化"先污染，后治理"的发展道路，必将导致在我国没有实现现代化目标之前，生态环境先行崩溃，最终导致生态环境无法治理，现代化目标也无从实现。中国必须走出一条生态文明建设的新路，开拓出一条适合中国国情的生态发展道路，实现文明的跨越，为实现中华民族的伟大复兴奠定坚实的生态基础。

中国建设社会主义的生态文明，是在继承传统工业文明的一切有益的成果，又摒弃西方文明发展模式不足的基础上建立起来的。中国进行生态文明建设，是围绕着实现第二个百年梦想、实现中华民族伟大复兴的总目标推进的。发展仍然是当前的第一要务。我们追求的生态文明，不是要求停止发展步伐，按照生态中心主义的思路去搞"零增长"和"稳态经济"，而是要通过经济社会的发展来树立生态观念，积累资金技术力量去转换发展路径和方式，来实现环境的保护和生态的改善。如果没有经济社会的发展，就没有先进的科学技术和雄厚的人力物力财力去创建生态文明的社会，特别是对于中国这样的发展中国家来说，不能靠普遍的落后来换取生态的可持续——这既不是中国特色的社会主义，也不是真正意义上的生态文明。在发展的过程中，我们也在反思传统工业文明存在的种种缺陷，不断推进科学发展，转变经济发展方式，充分吸纳中华传统文化智慧，从经济、政治、文化、社会、科技等领域全方位审视和应对中国乃至人类社会发展面临的自然生态、资源环境等方面的严峻挑战。我们站在文明进步的新高度认识和解决生态资源环境等问题，站在全人类层面上，实现人与自然、经济与环境、人与社会的和谐。只有走新型工业化道路、可持续发展道路、生态文明道路，通过打造生态中国、美丽中国，才能实现全面建成社会主义现代化强国的目标。

第三章　生态型政府的理论依据

建设生态型政府是我国进行生态文明建设的必然要求。建设生态型政府是对政府职能在生态治理方面的侧重和强化，是政府职能体系中的重要组成部分。生态政治理论、公共管理理论、现代政府理论为生态型政府的创建构筑了理论基础。

第一节　生态型政府的职能体系

政府职能是政府所具备的功能和作用，涉及国家和社会生活的各个方面，是一个内涵丰富的有机结构，按照不同的性质可以分成不同的职能种类。从基本功能上，可分为政治统治职能和社会公共服务职能；从职能运行的程序上，可分为决策、组织、协调、控制等职能；从国家治理范围上，可分为对内职能和对外职能；从具体领域上，可分为政治、经济、文化、教育、体育、医疗、环保等多个领域职能；从职能的效果上，可分为高、中、低层次的政府职能。这些不同类型、领域、对象、层次的政府职能，共同构成了政府职能的整体，使政府职能成为一个结构严密的功能体系。在各个不同分类的职能中，基本职能和运行职能是构建政府生态职能最为重要的两个方面。进行生态治理是政府基本职能的要求，政府职能也需要在政府运行中得到完整体现。

一、基本职能

政府的基本职能是指一切政府都具备的基础职能。古今中外的政府，最初都是基于统治阶级对于被统治阶级的政治统治需要而建立起的强大的组织机构，政治统治的功能也就是政府的第一功能。随着经济社会的发展，特别是近代以来民众在国家地位的上升，保障社会公共福利，为民众提供服务的职能日益成为政府执政合法性的根基。政府对于这项职能倾注的力量也就越来越大。在现代政府中，政治统治职能和社会公共职能就成为政府的两大基本职能。

1. 政治统治职能

政治统治职能是为了维护国家统治，保持国家基本政治秩序，由政府出面对社会进行政治管理的功能，其核心在于维护和巩固国家政权和国家利益。政治统治职能可分为专政职能和民主职能。专政职能体现为政府运用军队、警察、法庭、监狱等国家机器的强制力量来打击和防范敌对势力的反社会行为，消除对国家政权的威胁和干扰，保证国家政权的稳定和政治秩序的维持。具体包括：建设国家军事力量抵御外敌入侵和内部敌对势力的颠覆；对外交和对外事务进行管理，维护国家的独立和主权；打击和惩处违法犯罪分子，保障公民的合法权益和生命财产安全；进行行政干预和管理，维持社会政治、经济的正常秩序。民主职能的主要功能是通过加强民主建设，保障人民民主权利。民主权利是人生而有之的天赋权利，为了保障人民民主权利，政府应该建立健全各种民主制度，强化民主监督作用，促使政府行政行为的公正、公平和公开，调动民众参与民主管理的积极性，打通民众参与政治管理的民主渠道。政治文明是现代国家追求的共同目标，也是我国建设中国特色社会主义的努力方向。

2. 社会公共服务职能

社会公共服务职能是指政府运用国家权力执行社会管理职能，但社会自身又无法进行自我管理的职能（麻宝斌，2004）。这一职能的核心是维护社会公共利益，具体体现为进行基础设施建设、环境保护、文化教育、医疗卫生、养老保障、失业救济等，为社会提供公共福利和帮助的行政管理行为。社会公共服务职能作为政府的重要职能，有一个历史演进的过程。近代以来，西方启蒙思想家为了破除君权神授，树立天赋人权的观念，在政府的意义上做了新的解读，认为政府就是在臣民与主权者之间所建立的一个中间体，以便两者得以互相适合，其负责执行法律并维护社会的以及政治的自由（卢梭，2003）。也就是说政府要协调统治者和民众的共同利益。我们知道政府存在的最核心的作用是维护统治者的利益，但这并不是说统治者的利益与民众的利益是永远相反相对的，他们之间也会存在共同的利益即社会公共利益。这是因为：第一，统治阶级为了维护自己政权的稳定，减少阶级对抗的压力，必须为公众提供一定程度的公共服务，这是使政权延续的必备条件；第二，统治阶级需要在国家核心利益上与被统治阶级保持一致，即国家利益需要包括社会公共利益，否则国家利益无从实现；第三，为了统治的需要，统治阶级往往会满足被统治阶级的非对抗性利益；第四，阶级势力的消长可能会迫使统治阶级将与之对立的被统治阶级利益上升为国家利益（俞可平，2000）。最后一点恰恰成为近代以来社会公共利益上升为国家利益的关键，随着民主社会的普遍建立，民众可以运用民主力量来决定政府能否继续施政，体现民众的利益就成为政府最重要的任务之一。

由上述内容可知，政府职能是具有二重性的，既有政治统治职能体现出的阶级性，又有公共服务职能体现出的公共性。阶级性与公共性是始终并存共生的。即便是在专制、集权的奴隶制、封建制国家，也有维护社会公共利益的需要；在民主国家或没有阶级对立的社会主义社会，也有镇压敌对势力和敌对分子,维护阶级统治的职能。政府职能的二重性虽然同时存在,但两者并不是等量齐观的,处于不同时代、不同性质、不同文明阶段的国家,或阶级性占据主导地位,或公共性占据主导地位,另者为辅。随着文明的发展、政治的进步,政府的社会公共服务职能将越来越成为政府职能的主干和主流。

二、运行职能

政府基本职能的实现需要一连串的管理环节,就管理过程来看,每一个管理环节也可称为一个运行职能。一般情况而言,政府职能的实施,需要通过决策、组织、协调、监控等环节,只有发挥好每个职能环节的作用,才能实现整体的功能目标。

1. 决策职能

任何一项政府职能,在实施之前都要进行整体设计,包括目标设定、计划安排、实施步骤、采用方法等,这些内容的确定也就是进行决策的过程。因此,决策职能是履行政府职能的首要职能。一般而言,决策分为战略性决策和战术性决策,层级越高,战略性决策越多;层级越低,战术性决策越多。战略性决策往往是非程序性的,需要对多种情况进行统筹把握和综合考虑,因而决策的难度大,对最终结果将产生至关重要的影响。战术性决策则更为程序化和规范化,按照既定的安排实施的比例大,自由裁量的比例小,对结果的影响作用也比较边缘和次要。无论何种决策,都是要在多种(两个以上)方案中进行最佳选择,决策选择的好坏最终关系政府行政目标的实现与否与实现水平的高低。

2. 组织职能

为了实现政府职能特定的功能和目标,需要通过相应的组织机构来实施。这个组织机构需要通过科学安排内部构架的组成、各部门的职责和职权、部门的协调与协作、人员的调配与培训等各个方面,有机地联结成为一个工作整体,充分利用人、财、物等各种资源,确保职能的实现,这一过程就是组织职能。组织机构既要发挥决策职能，又要发挥执行职能，需要起到指挥统筹、职权划分、专业监督、调配资源、关系协调、人员培训等多种作用。组织职能的基本要求在于通过科学设计组织内部结构和责权关系，合理安排和协调组织构架中各个机构及其相关人员的工作，实现组织的高效运转。

3. 协调职能

协调职能对于开展公共管理的政府来说是一项具有特殊意义的职能。现代政府的治理理念越来越倾向于管理和服务，政府需要做大量的协调工作。协调职能包括对内部组织机构的协调，如协调各部门以及工作人员之间的分工与协作，使组织机构实现单个部门和成员叠加而不能达到的作用与效果。对外协调，则是要协调各行政管理部门之间的，行政管理部门与其他组织和民众之间的关系。通过协调职能，减少工作实施中出现的摩擦和矛盾，沟通、理顺各方面的关系，通过创建和谐的内外部关系来实现行政管理的平稳顺畅。

4. 监控职能

监控职能是指行政管理机构对行政行为的过程和结果进行监督，实时发现其中出现的问题和状况，并对偏差和错误进行修正，以确保行政目标和职能的实现。监控职能包括监督与控制两个方面，监督在流程上分为目标监督、过程监督和结果监督。控制职能在形式上也分为三个步骤，即前馈控制、现场控制和反馈控制。监控职能的实现需要具备一定的条件，要有明确的监控标准，能够及时获取偏差信息，具有足够的权威实现全面控制等。监控职能的充分发挥，需要贯穿行政管理的全过程，建立健全的组织体系，采取强力有效的控制手段予以保障。

政府的基本职能和运行职能是相互交叉、彼此渗透、共同作用的，在彼此的联系与制约中发挥着各自的效能。政府开展生态文明建设，正需要在系统论、运筹论、协调论的视角下对这两种职能进行综合运用，这样才能构建起完备的生态文明建设体系，发挥政府生态文明建设的功能效用。

第二节 生态型政府的理论支撑

一、生态政治理论——生态问题的政治化

作为首先建立起现代工业化生产、生活方式的西方社会，也最先遭遇到了环境破坏、生态恶化的问题，如"八大公害事件"①。生态环境问题的持续发酵促使西方社会将解决生态问题纳入政治体系的考量范围之中。由此，生态政治的理论和实践首先在西方萌生。从 20 世纪 60 年代开始，经过几十年的研究，生态政治逐渐发展成政治理论的一个重要分支。80 年代后，我国学者也开始对生态政治进行系统的研究，为我国的生态文明建设起到了积极的推进作用。

生态政治从学科的角度看，是指遵循生态学原理和系统科学方法论，针对人类面临的以生态环境、自然资源等危机状态为主的各种危机以及人类生存的重大问题，寻求战略层次的根本性、长远性解决（张友渔，1992）。生态政治学具有多科交叉的学科属性：生态政治学是生态学和社会政治相结合而形成的一门交叉学科，是现代社会生态化在政治方面的积极反映。它以社会生态的政治问题及其影响为研究对象，其主要的研究内容是探求社会生态系统与社会政治系统的相互关系及其规律性，研究的目的在于使社会生态与社会政治能够互相适应与协调（刘在平，1992）。从以上的界定可以看出，生态政治想要解决的核心问题是怎样依靠国家的政治策略和政府的行政力量去消除生态恶化的状况和避免生态危机的发生。在现代社会中，人们意识到

---

① 1930~1972 年，在比利时、美国、英国等地陆续发生了 8 起由于环境污染造成的短期内大量人群发病和死亡的事件，被称为"八大公害事件"。

单纯依靠盲目的市场力量和自发的社会力量无法解决人类的生存危机和生态破坏的问题，必须依靠有组织、有计划、有强大国家公权力支撑的政治力量才能使这一问题得到有效的解决。

生态政治的产生和发展，既是生态问题牵涉广泛，一般力量难以撼动，从而寻求政治力量从战略高度予以解决的要求，也是政治本身适应生态文明要求进行反思和变革的结果。当前的生态政治已经经历了三个主要的历史阶段（范俊玉，2011）：一是 20 世纪 80 年代诞生的生存主义理论阶段，理论界开始意识到生态的恶化将导致人类的覆灭。二是 80 年代中后期开始兴起的可持续发展理论阶段，将生态问题的认识和解决与绿色经济和科技结合在一起。三是 90 年代中后期以来盛行的生态现代化理论阶段，生态意识得到愈发广泛的接受，生态环境保护日益成为保证可持续增长的前提。随着生态政治的理论发展，生态政治形成了不同的理论派别，主要的派别有：一是生态自由主义，又称为生态保守主义。它面对生态问题承认资本主义的制度合理性，认为环境恶化和生态危机的发生是一切国家在工业化的过程中都要承担的负面效应。在生态危机的应对上要求减少国家干预，坚持资本主义的自由发展，通过强调个人责任、私有化、非官僚化和生态自助来应对生态灾难。二是生态激进主义，主要观点在于从根本上反对现行的工业制度和社会政治、经济制度，提倡建立以生态中心主义为导向的新的社会。它包含了多种政治主张，包括生态理想主义、生态原教旨主义、生态无政府主义、生态自治主义等。其中影响力最大的是生态自治主义，它主张将哲学伦理上的生态中心主义付诸实践，建立一个人类与非人类存在物具有同等价值和权利的地方自治机构。在这一机构中能够实现各生物种群和非生物间多层次紧密关联，互相合作，协调配合，自主自治的人类社会结构。其核心的要旨在于在尊重非人世界的整体性的同时，建立保障人类全面发展的自治合作社区。三是生态现实主义，它奉行改良主义的策略，既承认资本主义制度造成了生态危机的爆发和人类社会的不公，又认为这只是资本主义高速工业化发展中的副产品，是非本质的弊病和缺陷，可以通过体制内的调整进行弥补和修正，在政治框架内通过议会法令制度对决策产生影响，进而实现政治的生态化变革。这一政治主张具体体现为西方绿党政治的兴起和发展。

生态政治作为一门新兴的学科，其实质是把环境问题提高到政治问题的高度，从而使环境保护进入政治领域，它引起政治价值观和政治行为的重大变化，并且成为政治现代化的一个重要表现（芮国强，2003）。生态政治是在对西方政治制度的反思和传统发展模式的批判中发展出来的，随着经济全球化的发展和后发国家工业化进程的不断推进而不断发展和完善。生态政治理论对我国的生态文明建设提供了参考和借鉴，我国的生态文明建设也是上升到政治的高度，用大国政治的力量去建设一个生态文明的社会。

二、公共管理理论——政府治理的生态化

自然资源与生态环境是一种典型的公共产品，它们供给的数量与质量直接影响整个社会民众所享受到的公共服务水平。动用政府力量对生态文明建设进行管理与规范，这就需要运用公共管理理论提供支撑和指导。

所谓公共管理，是指以政府为核心的公共部门整合社会的各种力量，广泛运用政治的、经济的、管理的、法律的办法，强化政府的治理能力，提升政府绩效和公共服务品质，从而实现公共的福祉（唐中，2008）。现代公共管理理论诞生于19世纪末，美国学者伍德罗·威尔逊于1887年在《政治科学季刊》上发表了《行政学之研究》一文，被誉为现代公共管理的开山之作，威尔逊也被称为现代公共管理理论的奠基人。威尔逊提出的由政府主导的公共管理和行政范式，被称为传统公共管理理论。在随后的理论发展中，又兴起了由公共选择学派所提出的民主制行政理论，这一理论的核心在于公共管理的多主体集体行动和对公益物品的供给与处理。经过长期的理论发展，公共管理理论形成了自己基本的性质和特点：一是承认政府部门进行治理的合法性和正当性。二是政府对社会治理承担主要的责任。三是强调公共行政

的主体多样性，政府、企业、公民对处理社会事务均具有责任。四是政府行为的绩效对于公共管理具有重要价值。五是公共管理既重视法律、制度的构建，也强调战略策略和方法的运用。六是公共管理是以公共利益和公共福利为行为目标的。在公共管理理论不断嬗变和演化的过程中，在坚持这些基本特点的基础上，形成了一些重要的理论分支，对指导我国的生态文明建设具有积极的理论意义。

一是新公共管理理论。20 世纪 80 年代，欧美国家为了消除当时出现的财政和信任双重危机的影响，进行了"重塑政府"的改革运动，着力建立能够符合市场经济运行需要，对政府行政管理进行适时调整和变动的新公共管理体制。新公共管理借鉴现代经济学和企业管理的相关理论，提出在政府管理中采用企业化的管理方法来增强管理效率，引入竞争机制来提高服务的水平和质量，主张政府行政以市场或社会需求为导向来改善行政绩效。新公共管理另一个突出的特点就是强调管理方式的转变，提出了公共治理理念。新公共管理理论认为，政府只是国家的权力主体之一，而并非唯一的国家权力掌控者。除政府外，非政府组织、企业、公民个人也都是掌握国家权力的主体。所谓的公共治理，不同于单纯地从上至下的管理，更不同于单一权力中心的统治，而是多主体在相互依存、相互影响、相互监督的关系中，通过协商、合作，确立伙伴关系和共同的行动目标等开展公共事务的管理。公共治理的最终目标是达到"善治"的效果。"善治"是指治理结果的最优，而在多权力主体的条件下，要想实现善治，就必须使各种治理主体均能够充分发挥作用，在相互帮衬和补缺下，用整体最小的治理成本创造最大的公共利益。因此，它呈现的是政府与社会的一种全新关系，政府既不可能也没必要独揽治理权力，必要的分权和管理职能的社会输送，更有利于取得"善治"的结果。

随着现代公共事业的不断扩展，政府公共管理的范围不断扩大，要求不断提高，即便是政府规模也在扩张，但是面对庞大的公共事务管理压力，政府也会存在力有不逮之处。从新公共管理的理论中,我们需要认识到,建设社会主义的生态文明同样需要发挥多主体的作用。国家在环境治理的过程中,可以借鉴新公共管理的经验,打破权力高度集中的传统政府管理体制以及政府垄断公共产品供给的格局,充分发挥市场经济的调节作用,充分调动非政府组织和民众的积极性与参与意识,将部分公共服务和公共产品供给的职能让渡给社会组织、企业和民众,让公共事务管理的共同主体来承担相应的作用与责任。政府在这期间发挥好导向和支持的作用,便可起到事半功倍的效果。

二是新公共服务理论。20 世纪 90 年代,以美国著名的公共管理学家罗伯特·丹哈特为代表的一批公共管理学者基于对新公共管理理论的反思,特别是针对作为新公共管理理论缺陷进行批判而建立起一种新的公共管理理论。新公共服务理论认为,作为管理公共组织和执行公共政策的管理者,其主要职能应该集中在承担为公民服务和向公民放权的内容上,他们工作的核心既不应该是为社会掌舵,也不是为其划桨,而应该是建立在具有完善整合力和应对力的公共机构。新公共服务理论十分重视民主、公民权利和为公共利益服务的内涵,由此既替代传统的公共管理理论,又超越新公共管理理论。新公共服务的理论内容主要由 7 个核心原则构成:①政府的职能是服务而不是掌舵,公共管理者最重要的作用不是对社会的驾驭和控制,而是在于公共利益的维护和保障,并让民众能够充分表达和行使自己的公共权利。②公共利益是公共管理的核心而不是副产品,建设公共社会的责任不是公共行政官员能够完全承担的,而是管理者和公民共同的利益与责任。③符合公共需要的政策和计划得以实现,需要通过集体的努力和协作,做到战略地思考,民主地行动。④新公共服务理论认为,政府与公民的关系不能等同于企业与顾客的关系,政府应该服务于公民而不是顾客。⑤新公共服务理论提出,公共管理人员具有多种责任,既要关注市场,也要关注宪法和法令,还要关注社会价值、政治行为规范、职业标准和公民利益。⑥强调"通过人来进行管理"的重要性，重视人而不只是生产率。⑦新公共服务理论提出，政府为公民所有，公共行政官员应超越企业家身份，重视公民权和公共事务。

新公共服务理论对我国生态文明建设政府职能的发挥同样有着重要的参考价值。政府是社会公共利益的代表，是社会公共政府，而不是少数人利益的保护伞，更不是长官意志的工具（王潜，2011）。在当前中国的发展中，过度看重经济指标的数值变化，尤其是追求GDP的增长已经成为一种普遍的风气。这种经济指标数量上的增长并不能反映群众生活质量的提高。在粗放型发展模式下，经济指标的过度拔高往往意味着自然资源的过度索取和生态环境的掠夺性破坏。这种状况从本质上就违背了政府公共事务管理的职能要求，将公共服务狭窄化、功利化、片面化，是与公平、公正、普惠的公共服务原则相悖的。政府在生态文明建设中必须既兼顾经济发展的需要，又考虑民众对于良好生态的需求，扮演好政府的角色，切实履行公共服务的职能，优质高效地向全体公民提供公共产品和公共服务，创造推进经济社会良性和持续发展的条件与环境。

三是公共产品理论。确切地讲，公共产品理论并不是公共管理理论发展进程中的一个理论分支，而是与其密切相关的一个经济基础理论，它出现在公共管理理论演进的各个环节中，是公共管理理论不可或缺的一个经济学组成部分。

公共产品是与私人产品相对的一个概念。从基本的意义来说，私人产品是只能满足单个人消费的产品，公共产品则可以被多个（一个以上）消费者共同消费或享用的产品。一个产品可以成为公共产品需要具备两个特性：一是非竞争性，在公共产品的消费过程中，共同使用者之间不存在此消彼长、利益争夺的关系，其中的一部分人的消费活动，并不影响另一部分人对其继续消费。经济学家萨缪尔森将公共产品界定为："每个人对该产品的消费，都不会导致其他人对该产品消费的减少。"二是非排他性，公共产品的产权为社会共有，获益的使用和消费行为不能为某部分人（某个人）所专享，不存在将一部分人排除在享受该产品利益的消费过程之外的可能。其实，能够同时满足这两个条件的公共产品是非常有限的，经济学将其定义为纯公共产品。更多的情况是具有一部分公共产品特点的准公共产品。准公共产品既部分具有公共产品的特点，同时又具备一些私人产品的特点，因此被称为混合产品。通常而言，混合产品不能同时具备公共产品非竞争性和非排他性的特点，两者只能体现其一，当其中一个特点较为明显时，另一个则不充分。

公共产品除了具有自身的特性外，还需要具备产品的共性，即必须是能够被人们使用和消费，并能满足人们某种需求的物品。例如，干净、清新的空气就是一个公共产品。它是有用的：人们都希望可以享受新鲜空气带来的好处。它也是非竞争的：如果仅仅用于呼吸，享用人数的多少对空气的影响是可以忽略不计的，因而一部分人的享用不影响其他人的享用。同时，它还是非排他的：公共环境中的新鲜空气属于所有能够到这个地方的人，任何人都不能剥夺他人享受新鲜空气的权利。但原本作为纯公共产品出现的新鲜空气，开始向"准公共产品"转化。在空气污染日益严重的今天，新鲜空气的非竞争性并不明显，在没有持续新鲜空气供应的条件下，如果一部分人对新鲜空气过度消耗，可能导致另一部分人对新鲜空气消费的减少。由此可见，在生态环境整体恶化的情况下，本来整个人类都享有的公共产品，越来越变得稀缺。如果情况不加以遏制，公共产品很可能有一天会变成私人产品——需要由私人生产以满足私人需求。[1] 由于公共产品的生产与提供需要花费大量的公共支出，并不以营利为目的，这一职能主要由政府承担。政府需要按照公共管理的职能要求，保证充足而优质的公共产品和公共服务的供应，避免公众生活质量的下降和社会福利的缺失。

---

① 2012年9月，中国江苏黄埔再生资源利用有限公司董事长陈光标开始销售灌装新鲜空气。参见《陈光标宣布开卖"空气罐头" 花5元吸口气值不值?》，人民网，http://energy.people.com.cn/n/2012/0813/c71890-18733406.html，2012年8月13日。

三、现代政府理论——政府职能的现代化

如果说公共管理是多元主体对公共事务的参与、管理、实施与运行的系统学说，那么现代政府理论则仅是对政府单一主体的发展、特征、职能、关系等进行专门研究的理论。公共管理研究是政府研究对象（客体）的一部分，政府研究是公共管理研究主体的一部分，两者的研究范畴既有交叉又有不同。

政府这一名词由来已久，起源于唐宋时期的"政事堂"和宋朝的"二府"两名之合称，距今有上千年的历史。中国古代的政府是指宰相处理政务的地方，同现代意义上的政府概念差距较大。现代政府的概念是西方社会为反抗君主专制和倡导民主人权的过程中由思想家提出并形成的。例如，法国思想家卢梭（2003）认为，"政府只是主权者的执行人"。英国思想家洛克（1964）认为，"政府是人们通过自愿地协议联合组成的共同体"。这些启蒙观念认为，国家的权力是属于公民大众的，政府是代国家执掌权力的执行者。在此基础上，现代政府的概念得到广泛的认同和确立，政府被看作是公共权力的代表。现代政府概念有广义和狭义之分，广义的政府是指国家的立法机关、行政机关和司法机关等公共机关的总和，是一种制定和实施公共决策，实现有序统治的机构；狭义的政府是指国家权力的执行机关，是国家政权机构中的行政单位，即一个国家政权体系中依法享有行政权力的组织体系。作为一个公共权力的实施机构，政府具有四个基本特点：在目标上，不同性质的政府有着不同的行为目标，在阶级对抗严重的专制社会里，政府以维护统治阶级的利益为主；在民主社会和公民社会中，政府行为目标以维护社会公共利益为主。无论哪种行为目标，最终的目的都是为了维护自身的统治。在领域上，政府行为既包括国内的公共治理，也包括世界范围的合作和参与。在方式上，政府治理是以国家机关的暴力机器来支持和保证的，因而具有其他组织不具备的强制性和权威性。在组织上，政府有着严密的组织构架和完

整的行政体系，由上至下层层授权，各项职能分工负责。

按照现代政府理论关于政府特征的划分，政府通常可分为四种类型：

1. 法治型政府

法治政府是政府从决策到执行及监督的整个过程都纳入法制化轨道，并用法律加以固定的政府。现代政治理论认为法治与人治相对，是限制政府任意使用公权力的制度武器。通过法治约束，才能保证公民的自由、民主、财产等基本权利不受公权力的侵犯。法治高于人治，已经成为国际社会的共识。按照法治政府的要求，需要严格按照宪法和法律的规定进行国家治理，不断加强对公民基本权利的保护与促进，切实履行法律面前人人平等的原则，做到依法行政。改革开放以来中国政府不断加强法治建设，依法治国已经作为我国的一项基本方略固定下来。但是受到几千年人治观念的影响以及有效监督体制的缺位，人治在政府治理中仍然发挥着潜在的作用，法治政府的建设依然任重道远。

2. 责任型政府

责任政府是指具有责任能力的政府，在行使社会管理职能的过程中，政府能够积极主动地就自己的行为向人民负责。政府违法或者不当行使职权，应当依法承担法律责任，做到执法有保障，有权必有责，违法受追究，侵权须赔偿。责任政府与"主权在民"思想和代议民主制的产生相联系。代议制的出现，使得人民可以通过议会将管理国家的权力委托给政府，在人民和政府之间形成了委托代理关系。在这种关系中，人民是委托人，政府是代理人，人民赋予政府管理国家的权力，政府要履行代理人义务，对人民负责。责任政府不仅应当承担积极意义上的责任，即运用公权力完成和执行好公共事务的责任，同时还要承担消极意义上的责任，为自己的行动承担法律、道德和行政上的责任，实现权力和责任的统一。为此需要建立一定的政府责任机制，如实行听证制、问责制等制度，确保政府的责任得到监督和追究。

3. 有限型政府

有限政府是指政府在规模、职能、权力和行为方式上都受到严格限制和有效制约。与有限政府相对的是无限政府，无限政府具有无限扩张、不受制约的倾向，是与法治社会不相容的。政府的有限性不仅是外在力量约束的结果，也是自身能力的反映。现代国家的政府并不是无所不包、无所不在的全能型政府，在市场经济条件下，政府的主要职能是弥补市场和社会的调节失灵，政府不允许也不能够对社会生活的一切进行管理和调节。但是，对于掌握大量公权力的政府来说，能力的增强和权力的膨胀是同步的，公权力的扩张必然会压缩个人权利的空间，为了防止公权力对个人权利的损害，就必须建立起有限政府，让政府始终在法律和社会的制约与监控之下。

4. 服务型政府

服务型政府是指政府的主要职能在于为社会公众提供服务的政府类型。它的核心要旨体现为"公民本位"和"社会本位"的价值导向，其行为目标在于通过提供充足的公共服务和公共产品来增加公民的社会福利。与服务型政府相对的有管制型、审批型等类型的政府。这些都是在我国社会发展的不同阶段出现过的类型，分别为计划经济时代，市场经济初期我国政府的主要特点。随着社会主义市场经济的发展，政府对经济社会的直接管理和控制减弱，相应地，公共管理职能和社会服务的分量不断加重，这就要求政府转变观念和职能，按照公民本位和社会本位的原则进行功能侧重的重新调整，从公共利益出发建立起"公共的、公用的、公众的"服务型政府。这种调整最突出的转变是政府和公众的关系定位。两者之间由原来的管理者与被管理者的关系，转变为公共服务的提供者和接受者的关系。公众在两者中由受动方变为主动方，地位的提升形成了对政府施政绩效的有效监督。在民众的监督下，就可以保证政府权力的使用主要投向公共产品和服务的供给、公共利益的实现和公共福利的谋取上了。

需要说明的是，这四种类型都是现代政府理论发展的最新成果，四种理论也不是互相排斥、非此即彼的，而是相互兼容、互相支持的。一个理想型的政府，是这四个类型的齐头并进、共同完善。只有兼具"法治、责任、有限、服务"的政府，才能为生态文明建设提供良好的政府供给和政策保障。

第四章 生态型政府的职能定位

政府职能是由不同的责任和功能共同组合而成，涵盖了政府行政的各个领域。同样，生态文明建设不仅仅是环境的治理和保护，而且还涉及从思想文化到经济运行，从政治制度到法律条文，从消费理念到生活方式等多个领域。政府的生态职能是政府职能和生态文明建设领域的交叉，凡是涉及生态领域的应由政府管辖的各个事项都可以归为政府的生态职能。因而，政府的生态职能是一个涵盖广阔、领域众多的概念，从不同的角度可以进行不同的分类。不同的政府生态职能意味着政府在生态文明建设中应当扮演不同的角色，一个以生态文明社会为建设目标的政府，应当是生态政策的制定者、生态制度的供给者、生态项目的投资者、生态意识的培育者、生态合作的倡导者。扮演好政府的生态角色，是政府充分、全面、优质地开展生态文明建设的重要体现。

第一节 生态型政府的职能

政府生态职能按照不同的标准可以划分为不同的类型。按照法律限定，可以分为法定生态职能和非法定生态职能；按照国家职权，可以分成立法生态职能、司法生态职能和行政生态职能；按照行政程序，可分为决策生态职能、组织生态职能、协调生态职能和监管生态职能。不同的划分标准，呈现不同的职能特点和行使方式。政府的生态职能正是这些特点的集合和多种方式的汇聚。

一、法定和非法定生态职能

在政府职能标准的确定上，生态职能可以分为法定生态职能和非法定生态职能。所谓法定生态职能是指由法律明文规定的需要政府履行的法定生态义务，非法定职能是指由政府承担的意定职能、约定职能中具有生态文明内容和指向的职能。意定职能和约定职能，是由政府和相对人或组织用口头、契约、合同等形式承诺表示需要履行的义务，这种职能虽然并非法律条文所规定，但违约方同样要承担相应的法律或道义责任。

政府的生态责任最主要的是法定责任。政府生态文明建设的法定责任分为四个部分：首先，最核心的是宪法中规定的政府应当承担的生态环境义务。2018年宪法修正案将"生态文明"写入宪法，是我国生态法治的重要成果，使我国"生态宪法"的规范体系得到进一步充实，促进了"宪法生态化"的进一步发展。在最新修订的宪法中，同自然生态有关的表述和条款有以下几处：序言中规定："中国各族人民将继续在中国共产党领导下……推动物质文明、政治文明、精神文明、社会文明、生态文明协调发展，把我国建设成为富强民主文明和谐美丽的社会主义现代化强国，实现中华民族伟大复兴。"第九条第二款规定："国家保障自然资源的合理利用，保护珍贵的动物和植物。禁止任何组织或者个人用任何手段侵占或者破坏自然资源。"第十条第五款规定："一切使用土地的组织和个人必须合理地利用土地。"第二十六条规定："国家保护和改善生活环境和生态环境，防治污染和其他公害。"特别是第八十九条第六款，关于国务院行使的职权中，"领导和管理经济工作和城乡建设、生态文明建设"被列为其行使的一项重要职权。宪法作为具有国家最高权力的根本大法，对于生态文明建设的规定和职权归属，就成为政府承担生态职能的核心依据。

其次，环境保护基本法对政府职权的总体规定。党的十一届三中全会以后，我国就着手制定并出台了环境保护法律。1979 年，我国颁布了《环境保护法（试行）》；1989 年，经过修订正式实施《中华人民共和国环境保护法》，它对国家环境保护的重要方面做出了总体规定，成为国家生态环境领域的基础性、综合性法律，对中央和地方政府保护和改善环境、防治污染和其他公害、保障公众健康、推进生态文明建设、促进经济社会可持续发展等方面的职能进行了明确。例如，第六条规定："一切单位和个人都有保护环境的义务。地方各级人民政府应当对本行政区域的环境质量负责。"第八条规定："各级人民政府应当加大保护和改善环境、防治污染和其他公害的财政投入，提高财政资金的使用效益。"等等。这部法律为政府承担生态保护责任赋予了相应的管理权力。

再次，生态资源单行法对政府职权的具体规定。生态资源单行法即专门对某种生态环境资源的开发、利用和保护等问题而制定的法律法规。单行法以宪法和环境基本法为基础，同时又对宪法中有关生态环境的规定和环境基本法内容进行分领域、分类别的专业化、具体化立法。我国生态环境的单行法依据领域不同、目的不同，可以分为污染防治和公害防控的单行法，如《中华人民共和国大气污染防治法》（2018 年修订）、《中华人民共和国固体废物污染环境防治法》（2020 年修订）、《中华人民共和国水污染防治法》（2017 年修订）、《噪声污染防治法》（2022 年实施）等；还可以分为管理自然资源和保护生态的单行法，如《中华人民共和国矿产资源法》（2009 年修订）、《中华人民共和国森林法》（2019 年修订）、《中华人民共和国土地管理法》（2019 年修订）、《深海海底区域资源勘探开发法》（2016 年制定）、《中华人民共和国野生动物保护法》（2018 年修订）等。环境资源单行法的制定和颁布，进一步细化了生态环境资源的相关法律的内容，突出了政府管理的主体责任，为生态文明建设提供了规范性、操作性的法律依据。

最后，中国缔结和签署的国际环境保护公约、议定书、双边协定等规定的政府责任。中国积极承担世界范围的环境保护责任，签署了《濒危野生动物植物物种国际贸易公约》（1973年生效）、《关于消耗臭氧层物质的蒙特利尔议定书》（1992年生效）、《控制危险废物越境转移及其处置的巴塞尔公约》（1992年生效）、《联合国气候变化框架公约》（1993年生效）、《生物多样性公约》（1993年生效）、《巴黎协定》（2016年签署）等。中国批准和参加的国际环境条约，包括双边的和多边的条约有40多件。这些多边和双边公约及协议，被全国人大常务委员会或者国务院批准后，就取得了在国内适用的效力，成为我国生态环境法律体系的内容，也确认了中国政府的世界生态保护职能。例如，在中国参与签署的《联合国人类环境宣言》第2条指出："保护和改善人类环境是关系到全世界各国人民的幸福和经济发展的重要问题，也是全世界各国人民的迫切希望和各国政府的责任。"我国政府在担负起本国生态治理职能的同时，也主动参与国际生态治理，兑现做出的国际生态承诺，为全球的生态改善做出了积极的贡献。

二、立法、司法和行政生态职能

政府的生态职能，根据不同的国家职权可以进行广义和狭义的区分。广义的政府生态职能，是指在广义政府概念下包括立法、司法和行政三个维度的生态职能；狭义的政府生态职能，是指作为国家行政机关在进行行政事务管理中担负的生态职能，主要表现为政府的生态行政职能。

1. 生态立法

生态立法是指国家通过法律的制定和推行来保护生态、改善环境的职能。在现代社会中，作为社会基本规范的法律制度对社会秩序的稳定和维护起着至关重要的作用。国家和政府进行生态立法就是要保证生态秩序的持续改进和健康有序，通过法律来充分体现生态环境和自然资源的各种内在和外在的价值。国家和政府进行生态立法需要遵循几个基本原则：一是预防性原则，生态立法主要是为了防止自然生态的恶化和破坏，用法律的权威来威慑破坏性行为，在生态危机发生之前进行预防，发挥其前置性作用是进行生态立法的理想目标。因此，在立法中，不仅要预防眼前和近期的危害，还要预防通常不会发生的危害、时间和空间上距离比较遥远的危害，以及累积性危害（陈泉生，2001），进行未雨绸缪的预见性准备。二是危害排除原则，当预防性作用未能实现而出现了实际的危害时，政府应该通过立法来确保正在发生或已经发生的生态危害能够得到排除，用法律规范的强制力使侵害行为立即停止，并保障生态环境得到恢复和改善。三是合理利用原则，是指在开发和利用自然资源的过程中，要充分考虑到资源的可持续性，科学规划资源开采和利用的程度、范围、效率等因素，用法律手段来帮助实现自然资源的节约使用、高效使用、充分使用和公平使用。四是追究责任原则，在生态立法中要贯彻违法必究的法制原则，对生态违法行为必须严格惩处，按照"谁污染，谁治理；谁破坏，谁担责"的原则，由造成生态环境破坏的责任方来承担危害弥补和损失赔偿责任。五是政府干预原则，生态立法职能应该规定政府生态职能的内容和权限，强化对生态环境开发利用的干预，对生态危害的消除承担必要的、不可推卸的责任。

从我国立法的实践来看，生态立法经历了几个发展阶段：一是生态立法的初创阶段（1979~1982年）。我国生态法制建设初始于宪法，1978年的《宪法》第十一条第三款明确规定："国家保护环境和自然资源，防治环境污染和其他公害。"这为后来的生态立法提供了基本依据。1979年9月13日，《中华人民共和国环境保护法（试行）》正式颁布实施，成为我国第一部环境基本法，标志着我国环境保护工作进入到了法治阶段。1982年的《宪法》在1978年的基础上进行了补充，加入了保护生态的内容，提出"国家保护和改善生活环境和生态环境"（第二十六条），并指出国家要"保障自然资源的合理利用，保护珍贵的动物和植物"（第九条）和"合理地利用土地"（第十条），为生态环境保护提供了越来越全面的法律依据。

二是生态立法的探索阶段（1982~1997 年）。1982 年，《中华人民共和国海洋环境法》出台之后，我国进入到一个环境立法特别是专门法和单行法快速发展的时期。20 世纪 90 年代后，随着我国市场经济体制的确立和改革开放的不断深化，国际环境合作也开始增多。1994 年，国家批准了《中国 21 世纪议程》，提出了可持续发展的总体战略、基本对策和行动方案，确立了以实现可持续发展为方向的法律体系建设目标。以此为指引，我国《大气污染防治法》、《固体废物污染环境防治法》、《水污染防治法》等法律相继得到制定和修订。至 1997 年，我国环境法体系初步形成（孙佑海，2008）。

三是生态立法的发展阶段（1997~2012 年）。1997 年 9 月，"依法治国"作为国家的基本方略予以确定，这为中国生态法制的建设提供了强大的推动力量，生态立法进入到一个全面深化和提升的阶段。1998 年，全国人大修改了《森林法》；1998 年和 2004 年，两次修改了《土地管理法》；2002 年，《环境影响评价法》正式出台；2005 年，制定了《可再生能源法》。2007 年党的十七大将建设生态文明作为中国特色社会主义建设的重要组成部分与物质文明、精神文明、政治文明、社会文明并列，使环境立法在更深更广的生态层次发展（孙佑海，2008）。2011 年，《土地复垦条例》、《工业污染源现场检查技术规范》、《自然保护区生态环境监察指南》等环保法律法规相继出台。

四是生态立法的系统完善阶段（2012 年至今）。党的十八大之后，党和国家始终把生态文明建设放在治国理政的重要战略位置，法治建设也在不断完善。2014 年，对《环境保护法》进行重大修改，成为史上最严环保法律。2018 年，通过《宪法》修正案，将"生态文明""和谐美丽的社会主义现代化强国"作为"国家的根本任务"纳入《宪法》的序言，将"领导和管理……生态文明建设"规定为国务院行使的一项重要职权。2012 年以来的 10

年中，修订和颁布涉及生态环境的法律有 30 余部，初步形成了覆盖全面、务实管用、严格严厉的中国特色社会主义生态环境保护法律体系。其中《大气污染防治法》（2015 年修订）、《环境保护税法》（2016 年颁布）、《水污染防治法》（2017 年修订）和《野生动物保护法》（2018 年修订）等法律均将"推进生态文明建设"列为其立法目的，并且增加了有关生态环境保护和生态治理的内容，"为推进我国生态环境治理、生态文明治理体系建设提供了重要的政策和制度依据"。①

2. 生态司法

司法是指国家具有司法职能的机关或司法人员，依照法律对案件进行处理的专门活动。生态司法是指司法部门及其工作人员对生态环境相关案件进行处置。司法是构成社会正义的一道防线，在国家和政府的生态职能体系中，司法职能的履行也是对生态正义的守护和环境法律的捍卫。为了发挥生态司法维护生态正义、保护生态环境和自然资源的作用，生态司法需要坚守以下两项原则：

一是坚持中立与独立性原则。中立是生态司法的第一原则，司法机关和人员只有保持不偏不倚的中立态度，才能对生态案件给予公正的审视和评判。马克思曾说，"法官除了法律就没有别的上司"。②宪法和法律应该成为司法人员开展司法活动唯一的依据和标准，对生态司法来说，就应当按照生态法律法规去指导案件的审判和裁决。司法的独立性是各国政府都坚持的，但是由于国家权力构架的不同，中西方在司法独立性的体现上存在差异。西方实行的是三权分立制度，司法权、立法权和行政权都各自独立行使，互不干涉和影响。不仅它们的司法机关完全地独立于立法和行政机关，而且还具有违宪审查权，可以撤销违反宪法的法律和行政行为。我国实行的是人民代表大

---

① 蔡守秋：《中国环境资源法七十年》，中国海洋发展研究中心，http：//aoc. ouc. edu. cn/2019/1013/c9821a271302/page. htm.

② 《马克思恩格斯全集》（第一卷），北京，人民出版社，1995 年版，第 180 页。

会制度，立法机关是国家的最高权力机关，司法权不能独立于立法权。因此，法院、检察院等司法机关不能够对抽象意义上的行政行为（立法赋予的行政权力）进行审查，更不能对立法机关的立法行为进行审查，只能对具体的行政行为的合法性进行判定和裁决。因此，我国司法权的独立性在现实的操作中就受到多方面的制约。同样，生态司法在保持中立和独立上也会有多方面的掣肘，由于政府出于经济发展的需要，在违反生态环境法律案件的处理上，对法院的独立审判功能进行干扰，致使环境案件立案难、取证难、审理难、执行难等情况不时出现。

二是要坚持司法标准统一原则。坚持司法标准的统一性就是用司法解释或指导性判例统一全国各级审判机关的裁判尺度。生态司法权的统一性面临的最大障碍是各地方的裁量标准不一，对相同和类似的案件得出不同的裁判结果，这会导致人们对司法公正产生质疑。为了改变这一状况，一方面需要最高人民法院颁布司法解释，对生态环境的相关法律的裁决尺度进行统一和规范。另一方面在司法审判中提高生态环境案件审理的专业化水平。例如，设立专门的环保审判庭，增强生态案件的司法能力，提高办案质量与效率，统一案件审理标准。对于跨区域的生态保护区、江河湖泊流域、生态主体功能区等地，可以建立专门的生态环境法院，解决跨地域污染和地方保护主义，实现对生态环境的整体保护。

3. 生态行政

生态行政既是广义政府生态职能的组成部分，又是狭义生态型政府的核心内容。生态行政是指国家行政机构（政府）对生态环境进行生态决策、执行生态法律、管理生态公共事务。根据政府生态职能的不同功用，生态行政可分为生态行政干预、生态公共服务、生态执法和促进生态参与等职能。

生态行政干预。生态行政干预是指政府采取多种行政手段，对人为的生态环境活动进行规划、调整和监督，其目的在于协调经济发展与环境保护的关系，防治环境污染和破坏，维护自然生态与人类社会的平衡。市场的失灵是导致生态问题的肇因，生态行政干预可以有效预防由市场的自发性和盲目性导致的自然生态的过度破坏和资源能源的过量消费。行政干预通过多种行政手段的综合运用，可以有效地发挥政府的调节作用，以弥补市场调节的不足。但政府行政干预并不是完全排斥市场调节，而是要发挥两种手段的调节优势，使保护生态的作用得到最大限度的发挥。因此，设定行政干预的边界是十分必要的。这样可以避免行政干预过度地压缩市场调节的空间。行政干预过宽、过多、过强同样会导致生态问题的出现。

生态公共服务。公共服务就是向社会提供能够满足公共需要的产品和服务。政府根据公共需要的内容和形式可以提供四种公共服务，即基础性公共服务、经济性公共服务、社会性公共服务和安全性公共服务。生态公共服务是社会性公共服务的一种。良好的生态环境具有供给的普遍性和消费的非排他性，是典型的公共产品。这种公共产品原本在自然环境中是可以随意获取的，但在经济发展的过程中，良好的生态环境变得越来越稀缺，如果不加保护和治理将无法得到。通过花费成本进行治理，生产免费的公共产品，市场和个人是不愿承担的，只能由政府来提供。随着对生态规律认识的逐步深入，生态公共服务已经不仅是满足社会的公共需要，甚至对整个社会的稳定都起到重大的作用。生态的严重恶化如水和大气的污染，可能导致人的基本生存条件的缺失，对经济发展可持续性产生严重的制约，从而出现重大的生态公共安全事件，而生态公共安全事件的爆发将引起社会的动荡和混乱。生态公共服务作为社会性公共服务的一大组成部分，同基础性公共服务、经济性公共服务和安全性公共服务产生了紧密而不可分割的联系，形成了相互影响、相互制约的关系，这就更加凸显了政府提供生态公共服务的重要性。

生态执法。生态执法是指具有执法资格的行政主体，按照生态法律、法规等相关规定的要求行使生态保护权力，对行政相对人进行管理和整治。这是生态型政府建设中的重要内容，是政府生态职能有效发挥的关键。只有严格进行生态执法才能保证各种生态法律法规得到坚决的贯彻执行，同时政府只有依法执法，才能保证生态公平和生态正义的实现。生态执法包括两部分：政府对国家和公众赋予的法定生态权力的行使，以及对违反生态法律法规行为的消除和惩处。据此，政府的生态执法具有从过程到结果一系列的职权，包括：命令权——发布生态命令、禁令，制定生态计划、规划等；处理权——授予环境许可、征收生态税费、给付生态补偿等；监督权——进行环境生态检查、调查、审查等；强制权——对违法行政相对人进行人身控制，查封、扣押、冻结财产等；处罚权——进行拘留、罚款、没收、吊扣证照等；指导权——提出生态建议、劝告、警示，发布生态信息资料等（赵俊，2009）。政府进行生态执法的各项职权都需要法律的授权，生态执法的全过程都应受到行政法的规范，只有在相关生态法律和行政法的双重约束下，政府的生态执法行为才具有法律的权威和效力。

促进生态参与。生态环境问题是一个国家、社会乃至全人类共同面对的问题。生态文明的建设与实现离不开公众的积极参与，现代社会中公众有权通过一定的程序或途径参与一切与环境利益相关的决策活动和实施过程，表达关切、施加影响，从而有效地维护自身的环境权益（陈润羊和花明，2006）。从公众的角度看，生态利益是关系到每个人生存发展的基本利益，现代政府的根本属性是"为人民服务"，需要充分尊重公众的利益，实现政府利益和公众利益的一致。让公众参与生态问题的决策和实施是消解生态矛盾，构建生态和谐的重要途径。一个政府的力量再强大，也不可能涵盖社会的所有方面。而生态文明的建设和生态环境的治理却又是如此复杂的系统工程，完全依靠政府力量既不现实又不经济——政府的运行是靠社会公共财政予以维系的，政府行政需要耗费大量的社会资源，如果让政府生态管理细致到民众生活的每一项细节，既有相当大的实现难度，又会产生大量浪费。政府生态职能的履行需要抓住事关全局、最迫切、最重大的生态事项，其他的事项可以通过鼓励公众的参与来缓解政府生态建设的压力。发挥公众力量参与到生态文明建设中来既是维护公众利益的需要，也是政府的现实考虑。

三、决策、组织、协调和监管生态职能

政府的基本职能是由一连串的行政过程来完成的，包括决策、组织、协调、监控等多个步骤。生态型政府同样离不开这几个模块，需要它们的互相协同、衔接才能完成政府的生态行政目标。其中，生态决策是前提，组织设置是基础，统筹协调是手段，监督管理是保障，四个部分共同组成生态型政府的实施过程。

1. 生态决策制定

决策是指个人或群体为实现目标而采取的一定的方法，遵循一定的程序，选择、设计实现目标的行动的过程（李劲和王瑞，1995）。对于任何一个目标的实现可能都会有不同的实现路径可供选择，但不同的路径有效率高低、效果好坏之分。找到一条能够优质高效地实现既定目标的路径也就是决策的过程。作为代表国家行使公共权力的政府，决策水平直接体现了政府的执政水平和管理国家的能力，特别是对于中央政府而言，做出的决策都是站在全局高度的战略决策，决策的好坏会影响整个社会的发展和进步。生态决策也是如此，需要政府具备高超的决策水平和掌控全局的能力。这是因为：其一，政府的生态决策是一种非程序性的战略决策，需要对社会事务进行总体调控和把握，按照生态原则和规律推进生态文明建设，要具有宏观性、预见性和指导性，决策的难度很大。其二，生态决策是一个多目标的决策，也就是说，生态决策的目的不是为了生态而生态，而是要实现生态良好与社会进步的双重目标。多目标的决策往往比单一目标决策更加复杂，因为两个目标可能有彼此制约和冲突的地方，需要在两者之间找到一种恰当的平衡关系，实现两种目标的同步推进。具体来说，既确保生态的良好又实现经济社会的发展，这自然是一种最为理想的状态，但是在一定范围和一定条件下，两个目标可能是矛盾的、此消彼长的：为了刺激经济就需要利用大量资源能源，可能会引发资源的过度开采和能源的大量消耗，进而出现了生态环境的恶化；如果

保持生态不受污染和破坏，就可能影响经济发展的速度，甚至出现经济的停滞。两者之间矛盾的严重程度，取决于经济发展对自然生态的依赖程度。以粗放型和消耗型作为主要发展模式是对生态高度依赖的生产模式。只有建立起以集约型和循环式为主的发展模式，大力推动产业结构优化升级，加快发展低排放的绿色工业，无污染的高新技术产业、文化创意产业，低消耗的先进制造业，打造有利于物质能量节约和产品循环利用的生态产业模式和生产方式，才能实现经济增长和生态文明建设的步调协调。

为了实现生态与发展的双重目标，政府需要综合考虑生态环境和经济社会两方面的问题，找到一条最佳的发展路径。为此，政府的生态决策需要强化两个方面的作用。一是要做好事前决策，环保部门作为专业化的生态环境保护机构，应该有权参与国民经济计划和决策的制定，提出环保建议和生态改进办法。让经济发展的规划和决策兼顾生态方面的需要。二是要做好实施决策，对于国家的各项建设工程和项目，需要通过环境保护部门的审核和监督。对于存在生态环境问题的项目，环保部门有权停止或取消。环保部门参与公共政策制定和实施，是通过专业化的评估和强有力的监管，确保经济发展与生态环境的平衡，用尽可能小的生态环境代价去实现经济社会的进步，而不是不顾生态环境的破坏去追求单纯的经济增长。

2. 生态机构设置

机构设置是指政府为履行职责而设立的组织体系和架构。机构设置通常分为横向和纵向。从纵向结构来看，是指在地缘结构上，中央政府统一领导，地方政府分而治之的形式。在横向结构上，是指在同级政府中，不同的政府职能分属不同的政府职能部门进行管辖，实行类别区分，平行履责的模式。我国政府生态职能的组织架构也有横向和纵向之分。

生态职能的纵向设置。生态职能的纵向设置就是要解决中央政府和地方政府承担何种生态建设和环境保护责任的问题。在国家结构形式的选择上，我国实行的是中央集权的单一制。单一制是和联邦制相对的概念，是指国家的主权先于地区的主权而存在的国家。单一制国家划分的各个行政区划，是国家为了方便治理而进行的划分，各个地区不具有主权特征，地方的权力是由国家授予的，从严格的法律意义上说，所有的权力都属于中央政府（白钢和林广华，2005）。由此，掌握着国家权力的中央政府，自然承担着生态建设和环境保护的首要职责。这种职责是一种战略性的宏观指导，主要体现在制定国家法律、方针、政策、发展规划时要体现生态建设的目标、方向、任务和方略等。单一制并不一定是高度集权制，中央政府和地方政府还要进行适当的分权。我国地域辽阔，资源分布、生态特点、人文环境、发展水平都存在显著差异，生态脆弱地区与生态良好地区、经济发达地区与落后地区、以资源环境为支柱产业地区与以科技文化为支柱产业地区，面对的生态问题都各不相同，需要地方政府根据自身的情况来进行生态建设和环境保护，这就需要地方政府具备相应的治理权力。这种权力也是得到法律授权的，国家《环境保护法》第十五条规定："国务院环境保护主管部门制定国家环境质量标准。省、自治区、直辖市人民政府对国家环境质量标准中未作规定的项目，可以制定地方环境标准；对国家环境质量标准中已作规定的项目，可以制定严于国家环境质量标准的地方环境质量标准。"该条款赋予了地方政府可以在国家法律未定的环保标准上进行自主设定环境标准的权力，在已设定的环境标准上可以执行更严的标准。地方政府承担生态职责不仅是法律赋予的，也是现实的需要。地方政府比中央政府更了解本地区的生态环境条件，更能准确地掌握当地生态环境破坏和社会公害发生的实情，更了解当地民众的生态需求，也就更能够制定符合本地实际的生态建设的计划、方针、政策和法令。在生态建设实践中，让地方政府掌握更多的生态管理权力有利于我国的生态文明建设。

　　生态职能的横向设置。生态职能的横向设置所要解决的问题是如何在同级政府的各个部门之间分配生态权力。无论是中央政府还是地方政府，均对生态环境负有总体上的责任，但具体职能则是分派给政府下设的各个职能部门履行的。在中央政府的直属机构中，承担最主要的生态环境保护职能的机构是国务院环境保护主管部门。1973年，国务院成立环境保护领导小组办公室。1982年，国务院进行第一次政府机构改革，成立了环境保护局。当时的环境保护局只是隶属于城乡建设环境保护部的一个下属机构。1984年环境保护局更名为国家环保局，并于1988年从城乡建设环境保护部中独立出来，成为副部级的国务院直属机构。1998年，国家环境保护局升格为国家环境保护总局，虽属正部级，但仍然是国务院的直属单位，而非组成部门。2008年，国家环境保护部成立，正式成为国务院的组成部门。环保部成立后，在制定政策的权限，以及参与高层决策等方面都有了很大的提升，具备了更高的职权。2018年，根据《国务院机构改革方案》，国务院组建了生态环境部，不再保留环境保护部。在部门名称中体现"生态"字样，说明国家在生态与环境方面的保护和管理的职能得到了进一步的加强和扩充、机构体系得到了进一步的健全和完善。地方的生态环境管理，由县级以上地方人民政府及其环境保护主管部门履行监督管理、保护改善、信息公开、依法处置等职能。

生态文明建设有着高度的整体性和系统性特点，政府要有效地担负起生态文明建设职能，就需要建立与生态系统内在规律相契合的管理机构。如果生态建设和管理"政出多头"，就会导致生态管理权力的分散化和多主体化。按照公共管理理论，管理主体越多，权力越分散，管理职能就越模糊；相反，权力主体越少，越容易形成单一的管理中心，职能就越明确。明确的管理职能可以减少损耗和摩擦，提高管理效率。因此，采取生态环境的集中管理和统一指挥，可以更好地发挥出生态保护的职能，为其高效地履行职能创造条件。

3. 生态统筹协调

生态协调是指政府对彼此独立而又相互关联的生态行政行为进行统筹安排和布置。政府生态职能纵向上的职责授权和横向上的职能分工，都需要政府从生态层面和角度进行统筹协调，保障上下责权清晰，各部门分工明确，共同承担起建设生态文明的责任。这里的纵向和横向并不是单线的十字交叉，而是多条线索的纵横交错。在从中央政府到省级政府再到市地政府和县乡政府，每一级政府都有上下隶属的职能体系，也有部门机构间的分工合作，形成了一个网格状的管理结构。政府的统筹协调就是要让这个网络能够有效覆盖生态文明建设的各个方面，让每一个节点都牢固有力，形成生态建设的合力。生态文明建设的目标是实现人与自然和谐共生，建设生态文明除了通过环境保护建设良好的自然环境系统之外，还有其他非环境因素的内容，如维护生态公平与正义、实现绿色经济、促进绿色产品的生产与消费，提供生态公共产品与服务等。这些内容是建设生态文明不可缺少的部分，但又超出环境保护部门的职责范畴，这就需要政府从整体层面进行整合和协调，统筹生态文明建设的各项工作。生态协调的另一个作用就是形成优势互补。由于生态状况和发展水平的不均衡，不同的地方有着各自不同的生态优势和难以解决的生态问题。进行生态统筹协调可以强化优势，弥补劣势，通过区域统筹和政府间协调，构建不同功能区之间的互补机制，实现环境互补、资源互补、经济互补、经验互补，在互助互利中实现生态环境和经济发展程度的不同地区同步迈向生态文明社会。

4. 生态监督管理

生态监督管理是指政府按照国家法律法规、方针政策的要求，采用政治、经济、法律等多种手段，对生态建设进行监督和管理。生态监管是国家行政部门的重要权力，包括对造成生态环境影响的各种经济社会活动的监管、对辖区内的生态环境状况的监测、对生态环境违法案件进行查处等。生态监管相对于政府生态公共服务来说更接近于政府利用统治职能对生态进行的管理和治理；相对于生态立法和司法而言，更接近于生态执法。生态监管的主要目的是为了让个人、企业、组织以及政府本身的行为始终保持在有利于生态文明建设的正常轨道上，让各种社会活动特别是经济活动保持在生态可接纳的范围内。政府为此需要动用公权力，对生态行为主体施加影响，进行控制。这种影响和控制既可以采用行政许可、行政处罚、提起诉讼、关停企业等强制性的行政手段，也可以采用征收税费、给予奖励、生态补偿、实施排污权交易等经济调节的手段，还可以采用政策引导、宣传教育、信息公开、动员公众参与等文化氛围营造的方式进行。监管本身也是一个过程，分为事前监管、事中监管和事后监管，最有效的监管是将监管前置，在生态问题出现之前就采取有效手段加以遏制，这就需要加强生态问题的源头治理，从根源上遏制生态的恶化和蔓延。

第二节　生态型政府的角色定位

政府是代表公共利益、行使公共权力、具有庞大体系的行政主体。政府代表国家对所辖范围内的生态环境和资源拥有所有权，对社会生活具有管理权，对生态治理和保护承担着无可替代的责任。政府作为生态文明建设的主导性力量，扮演好自己的角色，明确自己的定位，对确保生态文明建设目标的实现起到至关重要的作用。

一、生态策略的制定者

生态策略是发展策略的组成部分。发展策略是政府对今后发展的目标、方向、途径等所做的全局性、宏观性和整体性的谋划，是对政府所辖区域的未来发展的抉择和定位。政府作为由国家授予职权，执行国家意志，体现国家权威，处理公共事务的国家权力机关，对国家社会的发展担负着不可替代的责任，制定国家的发展策略也是政府的职责所在。发展策略在国家层面上体现为中央政府所做的国家发展战略，为整个国家的发展提供方向和路径；在地方层面上体现为地方发展规划，是对某一区域发展的综合考虑和总体安排。但无论是国家发展战略，还是地方发展规划，都是由该级政府做出的最高决策和根本决策，它的正确与否决定着国家和社会的未来。政府作为策略的制定者必须保证战略或规划的准确性、可行性和科学性。

生态文明的社会应该至少包括三个方面的内容：社会的生态化，即实现人类生活圈同自然生态圈的和谐交融；经济的生态化，即经济运行中的生产、交换、分配、消费形成循环往复的绿色经济；自然的生态化，即保护自然环境不受污染和破坏，能够维系生态的自我净化和循环。政府制定生态策略就是要实现国家的社会生态化、经济生态化和自然生态化。经济社会与自然生态的交互循环，是人类社会运行的客观规律，违背了这一规律不仅生态文明无法实现，就连基本的生存条件都无法保障。政府一旦明确了环境职能，就必须根据可持续发展的要求，在决策中把环境与发展综合起来；如果它不是从根本上确立可持续发展的战略目标，不在决策系统中增加环境权重，而只是满足于小打小闹、修修补补，就不可能真正做到统筹兼顾，实现改善环境，促进发展的目的（肖巍和钱箭星，2003）。因此，政府的策略制定必须要对社会、经济、自然的生态化作通盘的考虑。如今党和国家将生态文明建设纳入中国特色社会主义的总体布局之中，纳入国民经济和社会发展规划当中，这为政府改进和完善生态化的发展策略提供了坚实的依据和有利的契机。

二、生态制度的供给者

在生态文明建设中，提供健全完善的生态制度是政府的重要任务。所谓制度，按照制度经济学代表人物诺斯（Douglass C. North）的观点，是指"为决定人们的相互关系而人为设定的一些制约，它构成了人们在政治、社会和经济方面发生交换的激励结构，通过向人们提供日常生活的结构来减少不确定性"。诺斯的这一概念并没有涵盖生态的范畴，但对于制度的基本界定也适用于生态制度，因为生态制度同样影响和制约着人与人之间的相互关系，人们不仅在同"政治、社会和经济方面发生交换"，同样也在同"生态"方面发生交换，它们共同构成与人直接相关的激励结构。生态制度的这种制约与激励的属性，使其具有"增进秩序"的功能。制度的关键功能是增进秩序：它是一套关于行为和事件的模式，它具有系统性、非随机性，因此是可理解的……当秩序占据主导地位时，人们就可以预见未来，从而能更好地与他人合作，也能对自己冒险从事创新型试验感到自信（柯武刚和史漫飞，2000）。也就是说，良好的生态制度可以使人们能够对自己的行为做出预判和审定，主动采取有利于生态的举措，放弃不利于生态的做法。在社会成员的共同认知和行动下，人们将会对未来的生态文明充满信心，自觉地朝着生态文明的方向前进。

制度也是一种公共产品，属于特殊的管制型公共产品，只有政府才有法定的提供这种公共产品的资格。作为一种专有权力，制度具有一定的法定权威性，对于行政相对人具有外在的强制力。生态制度的设计与执行的水准直接影响生态文明建设的水平高低和进程快慢。现实中，有许多生态问题的产生都是由生态制度的缺失或不健全造成的，对此必须进行调整和改革。我国长期以来采取的粗放型发展模式已经导致了严重的生态危机，"我国已是世界上环境污染最为严重的国家之一，由于人口众多，我国还面临着比其他国家更大的资源和环境压力，许多环境资源承载力已经接近临界值，发展已越来越受到环境和资源的强烈制约"（范俊玉，2011）。为此，我们必须按照可持续发展战略对传统的发展方式进行改革，制定符合可持续发展原则的制度与政策，建立起生态化的制度体系。例如，建立健全环境影响评价制度、三同时制度①、排污收费制度、环境资源产权制度、生态补偿制度等，并充分利用产业政策、投资政策、金融政策、价格政策等政策体系，实现生态环境

---

① 我国《环境保护法》第四十一条规定："建设项目中防治污染的设施，应当与主体工程同时设计、同时施工、同时投产使用。防治污染的设施应当符合经批准的环境影响评价文件的要求，不得擅自拆除或者闲置。"这一规定在我国环境立法中统称为"三同时"制度，适用于在中国领域内的新建、改建、扩建项目和技术改造项目。它是我国多年的实践与总结，能够有效控制施工建设中产生的各种环境安全隐患，提高建设的质量及其对环境发展影响的可持续性。它与环境影响评价制度相辅相成，是防止新污染和破坏的两大"法宝"，是中国预防为主方针的具体化、制度化。

与经济发展的统一。制度体系的完善不仅指政府对于行政相对人的管理约束制度，还包括对政府自身的监督规范制度，为此还需要建立生态责任追究制度、环境信息公开制度、生态绩效考核制度等，从而保障政府制度供给的公平性和有效性。

三、生态建设的投资者

在市场经济条件下，市场主体进行商品生产和投资的核心目标就是为了获得经济收益，也就是说只有付出的成本小于或等于获得回报的情况下，市场参与者才愿意投资和进行生产。但那些生产一个地区和社会的全部成员共同消费的产品（即公共产品）的行为，由于产品消费的非排斥性，收益的外溢性，对生产者来说是不能够得到直接或短期效益的，这种"赔本的买卖"就应该由提供公共产品和服务的政府来承担主要的供给任务。建设生态文明社会最重要的物质基础就是大量生态公共产品的供给。前文提到，公共产品分为两类：一类是纯公共产品，如生态法规制度等，任何人对它的消费都不会影响其他人对它的消费。另一类是准公共产品，生态环境中的绝大部分都属于这一类公共产品，如纯净的水源，清洁的空气，城市的公园、绿地、花园等。这些公共产品具有一定的公益性——提供这些公共产品是对整体环境的改善，受益者是社会公众，由于回报不明显，所以投资意愿不高。同时，准公共产品还存在拥挤性，随着消费人数的增多必然会导致维护成本的增加。这和市场机制的运行截然相反，在市场中，消费的人数越多，生产者和投资人的收益越大，但是对公共产品的提供者来说，消费的人数越多，付出的成本就越高。但是对于一个文明社会来说，又不能离开公共产品，公共产品越丰富、越充足则代表公众福利越好，社会和谐度越高，文明程度也就越高。市场条件下对公共产品的排斥恰恰说明了市场机制的失灵，市场的失灵就需要政府的介入加以弥补。

市场排斥生态公共产品的另外一个原因是由于生态文明建设的正外部性

特征。所谓外部性是指个人或群体的行动和决策使其他个人或群体受损或受益的情况，而且由此带来的损失和利益都不是由实施者承担和获得的。如果实施者给他人带来的是受益的影响就是"正外部性"，如果带来的是受损的影响则是负外部性。生态环境建设正是符合正外部性的特征。例如，政府对大气和水体污染的治理，受益的是所处范围内的所有人群，受益人是不需要缴纳费用的，但实施人对大气和水体污染治理成本的投入却是巨大的。生态环境建设往往是宏大的工程，是投入高、周期长、规模大的建设项目，它带来的是整个地区全体成员的生态福利，从社会效益上看是巨大的，但是却不能得到直接而丰厚的经济效益。因此，这种效益外溢的正外部性，导致生态项目的建设和生态产品的提供不可能依赖私人企业和个人来进行投资和生产，而应该由代表公共利益，可以使用公共财政资金的政府来予以投入和建设。

政府作为生态建设最主要的投资主体，应该承担市场调节失灵的责任，将市场不愿介入的生态项目作为公共财政投入的重点。在生态建设中，尤其在当前我国环境污染严重的情况下，应加大对污染防治、生态保护、环境监管等方面的投入力度。中央政府在自然保护区建设和跨行政区域的综合污染治理等项目上，可以安排中央财政专项资金予以支持；地方政府要优先保证环境基础设施的建设，如污水净化系统的建设、生活垃圾处理设施的更新配套等。政府对生态治理的投资并不是完全放弃市场的调节作用，如果设计出一套切实可行的利益回报机制，就可以充分调动企业和个人参与生态建设的积极性。政府应该积极探索新的生态建设参与机制，鼓励、支持社会资金、国外资金投入到生态建设项目中来，形成多元化的投资主体结构，为生态建设提供更强大的资金支撑和生产动力。

四、生态意识的培育者

生态意识是生态文明建设的重要思想基础。生态意识包括生态观念的树立、生态知识的学习、生态理论的掌握、生态道德的养成等多个方面，是有关生态的思想、知识、伦理、道德的共同积淀。作为思想层面的生态意识，必须通过教化、传播等方式加以普及和推行。政府掌握着完整的教育、宣传、传播的链条和路径，可以将生态意识培育融入到国民教育、舆论宣传和大众传媒的体系当中，增强全民的生态忧患意识、责任意识和参与意识，使生态文明的价值观、道德观、伦理观在全社会得到广泛树立。

生态意识的树立首先是政府自身生态观的树立。中国的生态问题不是一个专业问题，而是一个政治问题，根源是我们扭曲的发展观（潘岳，2005）。生态文明的实现不能仅仅依靠政府利用技术的、经济的、政治的手段对出现的各种生态问题进行末端治理，这种"头痛医头，脚痛医脚"的做法只能陷入对层出不穷的生态问题疲于应付的境地。只有从根源上转换发展观念，用科学的发展观代替传统的发展观，才能实现生态问题的根治。以经济增长为中心的发展观带有明显的物质主义倾向，以物的尺度来衡量社会发展的程度，从而忽略了生态环境对发展的综合优化作用。只有观念正确，行动才可能正确，只有在生态文明建设观念的指导下，政府才能形成生态化的管理服务理念，制定出符合生态文明建设规律的策略，才能取得生态文明建设的实效。包含生态观的科学发展观为整个政府行为的生态化提供了最为重要的理论基础和思想前提。

生态意识的形成还需要让全体民众树立生态观。社会中的个体在处理与自然生态的关系时可以有不同的价值选择：一是个体利益至上的选择，如人类中心主义、个人主义、极端利己主义等；二是生态利益至上的选择，如生态至上主义、零增长主义、生态复古主义等；三是和谐平衡的选择，如生态主义、共生主义、整体主义等。前两种价值取向都是较为极端的，后一种选择才符合生态文明的价值取向，体现出人与自然的和谐统一。这种生态价值取向对于民众来说不是与生俱来的，特别是在当个人利益与生态利益产生矛盾时，能够舍弃利己主义，追求社会与生态的和谐是生态意识中生态理性和生态道德发挥作用的结果。形成这种生态意识和品格需要对民众进行持续的生态教育和宣传。生态教育和宣传是增强生态意识、塑造生态文明观念的根本途径。为此，掌握着大量教育和宣传资源的政府，需要在公民中树立热爱自然、尊重自然、保护自然的观念，形成节约资源、减少污染、清洁生产、适度消费、合理发展、保护动植物等生态意识，让公众认识到生态环境是社会发展的基础，使生态保护成为公众的自觉行动。因此，生态观念和意识的普及为解决当代生态危机、实现可持续发展提供了强大的精神资源和社会动力。政府开展生态文明观念树立和意识培育过程，也就是在思想层面进行生态文明建设的过程。

五、生态合作的倡导者

政府并非生态文明建设的唯一主体，一个全能型的政府对社会生活的各个方面都涉足干预，并不能保证对社会的有效治理。进行生态文明建设，必须采取上下联动的机制，扩大公众参与，鼓励和支持企业和公众投身到生态文明建设中来。联合国环境与发展大会通过的《21世纪议程》（1992年）中指出，"公众的广泛参与和社会团体的真正介入是实现可持续发展的重要条件之一"。生态环境与社会公众有着最为直接的利害关系。公众是生态环境恶化最终的承受者，公众也是生态环境改善直接的受益人。因而，公众对生态环境的变化是感受最直接和反应最强烈的。他们要求通过参与生态决策、进行生态监督、开展环境举报、提起环境诉讼等方式表达自己的生态意愿，维护自己的生态权利，参与生态环境的保护。这些都是政府生态治理的有益补充，可以大大降低政府的生态环境监管和治理压力。同时，公众又是政府生态建设情况的重要监督力量，成为拉升政府生态治理水平的外在推动力。因此，政府对公众参与生态治理的诉求要予以正确的引导、积极的保护、有力的支持。

企业也是生态建设的主体之一，但企业的天然牟利性质决定了政府必须对企业行为进行规范和引导，充分调动企业参与生态建设的积极性和主动性，让企业成为生态的维护者和建设者。例如，我国的绿色食品认证机制，由政府或独立的认证机构对企业生产进行全过程的检查和监督，审验合格后给予绿色食品的认证，准予上市销售。得到认证的绿色食品尽管价格相对较高但得到了市场的认可，企业生产绿色食品获得了更高的收益。这种绿色认证的方式就将企业的盈利需要和绿色环保要求结合到一起，调动了企业开展绿色生产的积极性。如今，绿色产品已经不仅限于食品，已经扩展到包括工业品在内的各类商品。一方面，通过绿色认证的方式，使不环保、高污染的产品难以在市场上推广。另一方面，通过消费引导，让消费者主动选择环保商品，抵制对生态有害的商品。企业为了遵守政府要求和满足市场需要，自然会改进生产工艺，进行产品升级，实行绿色生产，担负起保护生态的社会责任。

此外，政府还应积极参与国际生态合作，承担国际社会共同的生态职责。在应对气候变化、生物多样性保护、臭氧层保护、荒漠化治理、污染物跨国转移等问题上，需要世界各国的通力合作，采取一致行动才能发挥治理效力。我国作为联合国常任理事国和世界上最大的发展中国家，应该承担与自身责任相当的国际义务，在维护国家利益的前提下，积极投身跨国、跨地区的生态环境保护和治理，参与国际环境公约的协商与谈判，与国际社会一起维护人类共同的生态环境。

第五章　生态型政府的突破方向

　　我国政府在生态治理的过程中存在多方面的困境，其中既有体制机制中体现出来的组织结构、权力分配、监督机制等方面的问题，也有由于法治建设不完备在法律制定、执行、处罚等方面存在的偏向和缺失，还有由于自身建设不到位在信息传递、治理手段、资金投入、权力监督等方面的不足。这些不足是我国在开创性推进生态文明建设中涌现出来的问题，也是政府生态职能定位不断清晰和明确中暴露出来的问题，需要在政府生态转型中逐步克服和解决。

第一节　体制机制的优化

　　我国的环境保护行政机构已经建立起了较为完整的运行体系，承担着主要的生态文明建设职责。但是按照生态文明建设的要求，现行的环境保护行政体系还存在不完善的地方，在组织架构、权力分配以及运行监督等体制机制上存在不利于生态文明建设的问题。体制机制困境是阻滞政府生态职责得到充分履行的根源性因素，是导致生态行政管理和公共服务效能不足的内在原因。

一、突破组织结构条块分割带来的整体性障碍

我国的环境保护行政机构按照纵向和横向两条线，组成了"条条块块"型的管理格局。在"条条"上，实行的是"中央（国务院）—省级人民政府—市级人民政府—县（区）级人民政府—乡镇（街道）人民政府"五级管理体制。在中央级的环境行政管理部门中，国务院、国家生态环境部、自然资源部、农业农村部等有关部委以及部分综合经济管理部门的司、局（如发展改革委的环资司、能源局等）共同承担着顶层生态管理的职责，其中国务院是生态行政的最高决策机构。在中央之下，按照地域管辖原则，由省、市、县（区）、乡镇（街道）政府及相应的职能部门承担对应生态环境管理责任。在"条条"上，每一条纵向的体系都从中央逐级贯穿到地方，下级组织要接受上级组织的业务指导。在"块块"上，各级人民政府承担着本辖区内的综合管理职责，是地方上的最高行政机关，经济、文化、教育、卫生、环保等不同的"块块"都要接受当地地方政府的管理。单就生态环境部门来说，地方各级环境保护行政部门既要接受上级环保部门的业务指导，同时又要接受当地政府的行政指导。

"条条块块"的行政管理格局是我国行政管理的典型形式，有利于中央的集中领导，能够有效覆盖我国广大疆域的各个地方。但是，生态文明建设和其他的行政管理项目的主要区别之一就是跨区域性和整体性。生态环境和资源的分布边界与行政区划的边界未必是重合的。一般来说，自然资源和生态系统都跨越了若干个行政区划。同一个生态系统，由于行政区域的分割导致了不同的地方政府需要进行分头管理。并且，由于生态环境的综合属性，其治理职责分别由土地、矿产、林业、农业、水利、环保等不同部门管辖。由于各地方、各部门的重视程度和管理方法的差异，导致对生态系统的管理很容易陷入混乱，造成部门职能分割、合作缺乏、管理脱节、效率低下、信息不畅、监督不力等多种弊端的出现。以太湖污染治理为例，太湖流域包括江苏省、浙江省、上海市部分地区，流域面积约1.9万平方千米，人口约1534万，是长三角经济社会最发达的地区。从20世纪80年代初期太湖水质开始恶化，到90年代中期，短短10多年间水质级别平均下降了2个等级。2007年5月，太湖爆发大规模蓝藻，污染饮用水水源，无锡市居民自来水出现臭味，导致市民大量抢购纯净水。对此，政府部门进行总结和反思，认为解决太湖污染的主要途径就是要加强流域综合治理。2011年8月《太湖流域管理条例》公布实施，其中第四条指出"太湖流域实行流域管理与行政区域管理相结合的管理体制。国家建立健全太湖流域管理协调机制，统筹协调太湖流域管理中的重大事项"。《太湖流域管理条例》的实施，体现了国家对条块管理模式的完善与纠正，对流域管理的支持和强化。

条块分割造成的另一个体制性障碍就是责权不明确。首先，生态管理职能由多部门分头负责，造成了权力分散化。在中央的层级上，具有生态环境管理职能的部委就有十余个，如财政部负责政府生态环境建设投入、外交部负责国际生态条约谈判、发展改革委制定生态可持续发展规划、林业局负责森林保护和治理沙漠化、气象局管空气污染指数的公布、海洋局管理海洋污染、水利部管江河湖泊、农业农村部管面源污染、自然资源部管土壤（肖建华等，2010）。政出多头，分头管理，同样是水污染，由工厂排放的归环保部管，流到内河内湖里的归水利部管，排到海洋的就归海洋局管，如果流经国外就可能涉及外交部。多头管理容易出现的问题是，一旦责权划定不清就容易出现责任放任、无人管理的状况。其次，生态的多头管理，在组织机构上，还会造成各生态管理机构的错位、冲突和重叠，形成部门管辖权交叉，产生部门利益冲突，或具有同样管理职能的部门重复建设，浪费了公共资源，降低了管理效率。例如，我国的生态环境部和水利部内都有监测站，都会发布"水和废水"监测、"噪声"监测等报告，但有时会出现各部门发布的数据不一的情况。最后，条块化的权力分配模式造成生态管理效能不足。在一些跨部门的生态管理中，政府实行了一种统分管理模式，即由主责部门主管或统管，其他相关部门分管和协同的管理模式。这种管理相对于条块管理是一大进步，但由于各个部门的权力构架仍是平行的，主管部门并没有政策和权力上的高位，只是承担了更多的监督和履行的职责，在跨部门的生态管理中主要依靠的是部门间的协商和沟通，并没有一管到底的执行力，生态职责的履行容易出现时间延误、力度减弱的情况。

二、消除权力分配责权倒挂带来的利益性障碍

在我国生态管理条块分割的组织构架上，生态环境治理的权力和责任出现了倒挂。中央具有制定环境法律法规的权力，对全国的环境保护承担总体责任。中央政府对生态环境的治理则主要依靠各级地方政府来实现。地方各级人民政府可以根据中央立法，制定本地方的环境法规或规章，依靠地方行政的力量来进行生态环境治理，具有较强的自主性。对地方环境保护行政部门来说，它在业务上受到上级环境部门的指导，在行政上接受当地政府的指导。这种双重指导的结果是：行政指导较业务指导更具有权威性和实际意义（杨华，2007）。地方政府作为地方的最高行政机关，在所辖范围内拥有全面的行政管理权，包括地方环境保护部门在内的各个行政部门的人事任免权、预算裁决权等实质性权力都是由地方政府决定的。在环保部门的纵向管理上，国家生态环境部门对地方各级生态环境部门没有人事任免权，也不承担地方环保部门的日常预算经费的拨款。地方环境行政部门承担着环境治理的主要职责，职责来自隶属的政府和垂直的体系，生态治理的责任是多方叠加，生态的管理权力却受到多方制约，这就产生了生态权力和责任的倒挂。

权力和责任的倒挂表现在生态建设和环境保护中屡屡出现地方保护主义。

地方保护主义保护的是地方利益，但这种地方利益不是当地民众的生态利益，而是地方政府的经济利益。之所以地方会舍弃生态利益而投向经济利益，这同地方环境保护部门的权力责任的不匹配具有很大关系。

三、改进监督机制选择偏向带来的参与性障碍

作为掌握国家公权力的政府，对公权力加以监督和制约是防止权力的滥用必要手段。任何公共权力都有滥用的可能，没有适当的约束，权力的滥用几乎是不可避免的（孟德斯鸠，2001）。为了避免权力的滥用，我国对政府的行政行为形成了两种监督体制，一种是政府内部监督，另一种是社会外部监督。政府开展生态文明建设同样是一种公共权力的运用过程，也要受到这两个方面的监督制约，但是由于受到多重因素的制约，我国生态行政监督机制效用发挥得还不够充分。

首先，在政府内部监督上，监察机关对生态环境的监督职责有限。政府内部监督可以分为两种形式：一是上级机关对下级机关进行的行政指导和业务监督；二是同级监察制度，即行政机关的行政行为受到同级监察机关的监督。我国《行政监察法》第七条规定："国务院监察机关主管全国的监察工作。县级以上地方各级人民政府监察机关负责本行政区域内的监察工作，对本级人民政府和上一级监察机关负责并报告工作，监察业务以上级监察机关领导为主。"根据这一规定，地方各级监察机关需要接受上级监察机关和地方政府的双重领导。虽然这一规定强调行政监察的垂直领导，但这种领导依然是业务性的，其行政主导还是地方政府。因此，当地方政府有意选择回避生态环境问题时，本地监察机关的监督就很可能无法实现或难以奏效。同时，生态环境治理是一项业务性、专业性很强的行政事务，如果没有专业化的监督机构，很难起到为当地生态环境把关的作用。2015年7月，中央全面深化改革领导小组审议通过了《环境保护督察方案（试行）》，明确建立环保督察机制，这是对生态监察的顶层设计和重要完善。

2016 年和 2021 年，中央先后开展两轮生态环境保护督察工作，由中央组建环保督察组，对各省党委和政府及其有关部门开展，并下沉至部分地市级党委政府部门。根据 2023 年 2 月公布的第二轮中央生态环保督察情况，中央对 26 个省份和 6 家中央企业进行了问责，移交问题 158 项，累计追责问责 2879 人。

其次，在社会外部监督方面，群众和非政府组织参与不畅。我国《宪法》对公众参与行政职务的监督权给予了明确的法律保障。我国《宪法》第四十一条规定："中华人民共和国公民对于任何国家机关和国家工作人员，有提出批评和建议的权利；对于任何国家机关和国家工作人员的违法失职行为，有向有关国家机关提出申诉、控告或者检举的权利，但是不得捏造或者歪曲事实进行诬告陷害。"国家公民有权利对生态环境建设的相关部门提出自己的意见和建议。这一权利也在国家环境法律中得到了认同和继承。例如，我国《环境保护法》第六条提出："一切单位和个人都有保护环境的义务，并有权对污染和破坏环境的单位和个人进行检举和控告。"这实际上就是确认了公民具有参与环境保护的权利，以及对环境保护进行监督的权利。此外，《环境影响评价法》、《水污染防治法》、《大气污染防治法》等有关生态环境的法律法规中也都确认了公民的生态环境的参与权和监督权。尽管法律上对公民的监督权给予了明示和支持，但是现有体制的偏向导致公民生态参与的权力没有得到切实的贯彻和保障。权利对权力的制约仍是被动和软弱的，国家权力和个人权利之间，国家利益和个人利益之间，在大多数情况下，会不容置疑地偏向前者（任喜荣，2000）。我国的监督法治还不完善，各类监督以及整个监督系统仍然存在着虚监、弱监、禁监的状况。这种情况在生态环境行政的监督中同样存在，公众作为生态环境最直接的利益攸关者却常常无法参与环境决策和进行环境监督。即便是可以进行监督，也处处受到限制与抵制。

第二节　法治建设的推进

法治是生态文明社会的必备条件之一，政府开展生态文明建设必须要依法立规、依法行政、依法履责。目前，由全国人大及其常委会、国务院及各部委制定的有关环境保护的法律法规有上百部，由地方政府制定的环境法规有数千项，并且在不断增加，基本形成了我国环境保护的法律体系。但仅有环境法律法规的增加还不能满足生态文明建设的需要，生态法治建设仍显不足。

一、权力边界的厘定

从法律规约的内容上，我国现行的环境法律法规在行为主体的规约上主要是对公民、法人和其他组织的环境行为进行调整，而政府作为最主要的环境行为主体对其进行规范和约束的法律法规却较少，表述多为明确职责的概要，对执行方面的追责不够。例如，我国《环境保护法》第七条规定："国务院环境保护部门，对全国环境保护工作实施统一监督管理。县级以上地方人民政府环境保护行政主管部门，对本辖区环境保护工作实施统一监督管理。"这一条款规定了各级地方政府的环境行政职权，但是如果政府不履行环境保护的职责和义务，不行使环境治理的职能，甚至违法行使环境权力，如何进行惩治和约束却没有给出具体、明确的规定。"承担环境行政责任的主体虽包括政府和行政相对人，但法律条文中的否定性责任多是针对行政相对人设定的，鲜有对政府违反法律义务的行为所要承担的否定性责任的规定。"（蔡守秋，2008）如果政府的生态规划和环保决策失察或不当可能造成当地生态环境产生大范围、长时间的危害和损伤。法律及政策法规需要明确对政府及行政相对人双方面的规约，如果淡化或模糊各级地方政府的生态责任，将直接导致政府的生态治理行为的失范，非政府主体参与生态建设的动力不足。

在法律效力的实现上，现行的环境保护基本法以及相关法律、行政性法规以及地方规章对环境立法更多是给出了原则性的规定，法律条文比较笼统，缺少具体的违法惩戒措施和标准。例如，《水污染防治法》、《大气污染防治法》、《噪声污染防治法》等法律都规定了相关的环境问责或者惩罚措施，但如何惩罚、惩罚的标准是什么、尺度是什么、效果是什么都缺乏较为具体的执行参考系和幅度。这导致环境法律执行上的因人而异、因地而异的问题，也造成了环境法律严肃性不足、可信性不足、威慑力不足的问题（张雷，2012）。更为严重的是，由于环境法律对责任规定的不明确，弱化了政府在环境治理中的作用，致使一些环境治理行为找不到主体，当出现环境违法案件时甚至找不到原告或者被告，使环境法律效力无法实现。

二、生态主旨的凸显

我国生态法律的制定存在比例失调和效用不强的现象，法律规定的条文与生态文明建设的要求、社会生活方式的变化、民众对生态绿色健康的呼声还有一定的滞后性。

一是偏重环保立法，生态立法不足。我国的生态法律法规还没有形成单独的体系，更多的是融入到环境保护法律法规中。在我国的生态环境保护法律体系中，形成了"1+N+4"的结构。"1"是发挥基础性、综合性作用的环境保护法。"N"是环境保护领域专门法律，包括针对传统环境领域大气、水、固体废物、土壤、噪声等方面的污染防治法律，针对生态环境领域海洋、湿地、草原、森林、沙漠等方面的保护治理法律等，国家层面已有100余部。"4"是针对特殊地理、特定区域或流域的生态环境保护进行的立法，包括长江保护法、黑土地保护法、黄河保护法、青藏高原生态保护法。其中后两部为审议中的草案，还未正式出台。从法制结构看，尽管在各类法律中我国愈发重视生态建设，如 2018 年修改后的《环境保护法》体现生态字样的地方有 25 处，诸多环境保护专门法律在修订后也体现了生态文明的主旨，但我国还没有出台单独的"生态法"或"生态治理条例"，从全流域、整体区域制定的生态环境保护法律也仅有 4 部（含草案），生态立法还显不足。

二是偏重实体监管，生态立意不足。生态环境的法律法规对于行政相对人的行为规定得较为清晰，但是对于公民大众的生态引导还有欠缺。随着我国民众健康意识和消费水平的快速增长，面向消费端引导健康生活、绿色生活、理性消费的法规标准需要持续更新完善。消费品千差万别，特别是新的消费产品、消费形态不断涌现，为了引领消费者健康消费、安全消费、绿色消费，最有效的办法是由政府制定相关的消费品标准，如食品卫生标准、动植物检疫标准、技术安全标准、有毒有害物质检验标准等。这些标准直接关系到民众身体健康，影响到民众的生活环境和生态状况。但在这些标准的制定上，政府存在滞后或低标的情况。有的消费品生产标准低于国际通行标准，不利于引导健康生活，难以满足生态社会的建设要求。此外，政府在生态化的生活引导和生态社会创建的法律规制上缺乏力度，执行上缺少能突破难点痛点的有效手段。例如，连续多年推进的垃圾分类办法仍没有得到全国大范围的实际落地，垃圾的分类和处理没有形成系统的链条，制度规范的有效性、强制性不足。

三、违法成本的提高

我国生态环境保护的各项法律法规都明确规定了法律责任，对违法者要给予相应的处罚。但是，我国环保法律对造成环境污染的责任方能够给予的处罚手段过软、力度过小，对环境违法行为的震慑作用有限。一是处罚力度不足。2014 年新修订后最严的《环境保护法》执行以来，2016~2019 年，环境行政处罚单个案件的罚没金额从 5.35 万元提高到 7.3 万元（杨雾晨等，

2022）。但相较于企业获得的利润及其环境守法成本来说还是显著偏少。2015年，全国共发现2658家污染源自动监控设施存在不正常运行、超标排放、弄虚作假等问题。企业环境数据造假的成本仅几十元，却可以节省几十万元的环境处理成本。只要违法利益高于违法成本，企业就会选择通过违法来降低成本，增加利润。对于排污规定，有的企业不仅不能自觉执行，甚至明知故犯，采取"昼停夜排"或检查人员"一来就停，一走就排"等方式逃避监督，有的企业为了通过环境评估配备了治污设备却"建而不运"、"运而不足"。二是处罚权限下放不够。省级以下环保机构监测监察执法垂直管理制度改革和生态环境保护综合行政执法改革使基层执法工作发生较大变化，新的工作机制有待理顺。由于县级生态环境部门不再具有行政处罚权等原因，导致基层执法人员执法难度大等的问题。三是处罚执行偏软。新修订的《环境保护法》在强化执法方面，赋予了生态环境部门对企业实施按日连续处罚、查封扣押、限制生产、停产整治以及移送公安行政拘留等更加严厉手段的权力。但在实际执行中，受到权力运行、地方利益牵绊等因素的影响，存在处置偏软的情况。

第三节　治理能力的强化

政府充分地履行生态职能是需要一定物质条件的，是以人力、物力、财力、信息、技术等各种资源的充分利用和科学使用为前提的。即使再强大的政府也很难统筹社会的一切资源，特别是面对建设生态文明这一庞大而复杂的系统工程，政府常常出现力有不逮之处。

一、削减生态信息不对称

建设生态文明，政府必须要充分掌握各种生态环境信息，并以此制定出正确的生态决策，采取科学的生态治理措施。这里所说的生态环境信息是指，既包括与生态环境相关的科学知识和信息，也包含与治理活动和治理对象有关的实践以及地点方面的信息（樊耀根，2003）。尽管政府部门集中了大量社会精英，可以动用社会力量来收集、分析、处理各类信息，并具有技术、资金、智库等方面的优势，但信息传递的过程是存在衰减的，而且传递的路径越长，通过的环节越多，衰减或变化的可能性就越大。生态环境信息的产生和出现的源头常常位于偏远或信息中心以外的地区，在传递过程中需要经过从地方到中央的多个环节，生态环境信息很可能出现了弱化和变化。我国现行的生态环境信息传递的权威渠道，主要依赖于地方政府的逐级上报。当地方出现生态环境变化和问题时，自然是当地企业和民众最先掌握一手材料，但是出于追求经济利益、避免处罚的目的，在监控不严的情况下，污染者很可能会虚报、瞒报生态环境信息。同时，地方政府即便了解到污染信息，在经济增长导向和地区维稳导向的政绩考核制度的左右下，地方政府可能会对信息进行选择性的过滤。经过层层筛选和过滤，传递到上级政府的信息很可能已经不能真实反映地方的生态环境状况。作为政府审核企业环境指标的重要信源，一些环评机构存在严重瞒报、漏报甚至弄虚作假，给污染企业发放了"许可证"。根据生态环境部公布的信息，2021年因涉及环评文件编制质量等问题有265家单位和217人列入环评失信"黑名单"或限期整改名单，被依法查处的环评文件严重质量案件50多起，罚款金额1400多万元。如果政府不能准确掌握企业对环境的影响情况，生态决策制定的治理措施就不可能对症下药，药到病除。政府则因信息传递链条的不畅导致的信息缺失而未能实现有效的监管，降低了污染企业被查处的概率，环境治理也就无从下手。

即便是实现了信息的充分传递和真实再现，在政府进行分析处理的过程中，还可能由于各种信息是在无数分散的个体行为者之间发生和传递的，政府很难完全占有，加之现代社会化市场经济活动的复杂性和多变性，增加了政府对信息的全面掌握和分析处理的难度（金太军和谈镇，1998）。由于种种条件的制约，生态信息从产生、获取到传递、分析，政府很难做到全面掌控。因而，政府在生态状况评估、环境污染损失、治理费用投入、社会民众反应等诸多问题上存在误差，以此为依据制定的相关法律、法规、政策、措施只能体现"有限理性"。在有限理性的作用下，可能导致决策失误和治理表面化，使生态环境问题不能根除，拖延生态文明建设进程。

二、多元治理手段的运用

现阶段我国政府生态职能的履行仍然处于一种政府主导、以管为主的模式，行政性管理是进行生态环境治理最主要的手段。尽管我国政府已经逐步意识到政府应该更多地发挥服务性和引导性的职能，并着手开始进行职能转型，但受到传统体制的深远影响，在生态文明建设中，仍然主要依靠行政性管制来治理生态环境。这种强化行政性治理的典型方式就是开展"风暴式"的环境突击检查。每当有重大生态环境问题出现后，环境保护行政部门就会推出"突击检查"、"集中整治"、"统一行动"、"专项治理"等各类环境保护检查。其中有些检查是突击式、临时性的。在突击治理的模式下，治理主体和治理对象之间玩起了猫捉老鼠的游戏，被查单位和企业采取"一查就关，一走就开"的应对策略，在应付检查和保证利润之间进行博弈。这种行政治理办法起初有效，最终无效，陷入了"突击解决—迅速见效—问题反弹—再突击解决—再次反弹"的怪圈。结果是由于上一轮生态治理成效不明显，政府的进一步措施仍是在加强行政性管制的模式中找寻办法。近年来，国家生态环境治理陆续出台一系列创新制度，如中央生态环境保护督察、环保垂改、排污许可制度等，采取了按日连续处罚、查封扣押、移送行政拘留等严格举措，实行了约谈、挂牌督办、区域限批等多种行政手段，生态环境执法队伍也被正式列入了国家综合行政执法序列，现代遥感、大数据等信息科技手段和走航车、无人机、无人船等现代化执法装备也得到了广泛应用。生态环境行政监管和执法力度在不断强化，2015 年新《环保法》实施至 2021 年，按日连续处罚、查封扣押、限产停产、移送行政拘留和涉嫌环境污染犯罪五类案件共计 17 万多起。但行政和法律的手段只是生态文明建设的一部分。过于强调行政手段的生态治理模式，难以发挥综合效力，要想实现生态环境的根本性好转必须在行政手段之外寻找经济、社会、文化、法治等多种治理办法，只有通过多种手段的综合运用，利用强制性和引导性的双重力量才能走出生态环境治理的困局。

三、加大环境投入的力度

进行生态文明建设是需要花费成本的，并需要大量人力、物力的投入。在生态环境还在不断恶化、治理标准不断提高的现实状况下，生态治理的投入也需要不断提高。我国的生态投入还远远不能满足生态环境治理的需要。这里的投入主要是指政府的投入，由于生态环境是典型的公共物品，改善生态环境的投入主要依靠政府来承担。从总体情况来看，我国政府的环保投入是在逐步递增的，"七五"期间占国内生产总值的 0.7%，"八五"期间为 0.8%，"九五"期间为 1%，"十五"期间为 1.3%，"十一五"期间上升到了 1.41%。这种上升趋势，既反映了政府生态意识不断提升，生态环境问题得到重视的状况，也反映了我国生态环境问题日趋严峻，治理任务不断加重的现实。根据世界银行的研究，一般来说如果一个国家的环保资金投入占到 GDP 比重的 1%~1.5%，可以控制环境恶化的趋势；当环保资金投入占 GDP 比重达到 2%~3% 时，环境质量就会有所改善。例如，美国在 20 世纪 60 年代也曾出现过严重的生态危机，到 70 年代用于控制污染的费用占到了 GDP

的 1.5%，到 90 年代就超过了 2%，使得环境状况得到明显改善。其他一些发达国家如英国、德国等的环境保护投资也占到了 GDP 的 2% 以上。俄罗斯在 2000 年的环境保护投资就已经占 GDP 的 1.6%。[1]尽管我国的环保投入比重在"十一五"期间达到 1.41%，接近世界银行 1.5% 的维持线，但环境恶化的趋势并没有得到有效遏制，这一方面说明我国环境旧债积累太多，增加的投入还不能完全抵消以往环境污染的积累；另一方面也说明我国的环保资金使用效率不高，可能存在浪费、挪用的情况。而且，我国整体环保投入仍然存在很大缺口，而目前中央财政对环境保护的投入仍然不足，再加上地方和企业等方面的投入，要完成预期的环境保护投资相当困难。

四、明晰生态权力的边界

作为代表人民管理国家公共事务的政府，其行政正当性和合法性的根基就在于追求公共利益的最大化，不断为公众提供更多更好的公共产品和服务。按照政府选择理论，政府也有自己的利益追求，难免具有利益选择的倾向性。政府只有有效地遏制非公属性的利益，追求社会公利才能担当起人民赋予的职责和使命。掌握着公权力的政府，缺少监督制约和民主管理机制，会给权力寻租制造空间。所谓寻租就是个体或组织利用某种垄断性的地位来实现个体利益最大化的过程。实现寻租有几个条件，一是寻租者具有某种独特的权力；二是寻租者要将这种权力兑换成"租金"，即收益；三是这种"寻租"行为符合"经济人"自利性的假设，谁出的"租金"最高就将这种特殊的权力让渡给谁。由于政府对经济活动进行管制，在关税、配额、特许经营权、定价、批文等诸多方面都具有排他性的权力；同时，由于信息的不对称和监管机制的不健全，进行权力寻租的风险被大大降低，这都为创造租金提供了条件。权力寻租的结果，对于寻租的官员来说，是以牺牲公共利益为代价追

---

① 张泽远、刘晓莉：《中国环保投资占 GDP 比例依旧偏低》，http：//news. xinhuanet. com/fortune/2006-11/12/content_ 5318623. htm，2006 年 11 月 12 日。

求个人私利，造成了公利的损失和社会的不公。对寻租的企业来说，由于无须依赖技术进步，不用提高劳动生产率，只需要支付"租金"便可获取独占的超额利润，结果是排除了合法竞争，导致了社会资源的浪费和社会进步的停滞。

第六章 生态型政府的转型维度

政府充分发挥生态治理职能，需要推进政府管理模式的转型。理论上保护型、干预型和引导型三种模式各有侧重。保护型模式倾向于让政府充当市场"守夜人"的角色，这种模式限制政府治理能力的发挥，不利于对市场失灵的克服；干预型模式则偏重强化政府管制作用，全权由政府主导，不利于发挥非政府主体的参与性和积极性。引导型模式则兼顾了政府的主导性、权威性和多元主体的开放性、参与性。建立引导型模式需要政府摆脱传统模式的影响和束缚，通过打造服务型、责任型、法治型、透明型的新型政府来加以实现。

第一节 生态服务型政府的强化

一、服务型政府的内涵

构建服务型政府是进行生态文明建设的重要基础，也是现代政治文明发展过程中政府转型的重要方向。关于服务型政府的内涵，学界主要有三种解释：一是将服务理解为一种价值理念，是政府树立的一种以公民本位和社会本位为价值取向的治理观念，并用这种观念指导政府的行政行为。二是将服务理解为政府职能的转换方向，体现为具体功能的调整和工作重心的转移，即由以经济建设为主向公共服务为主转换。三是将服务理解为政府行政方式和方法的采用，体现为政府工作作风的革新，如扩大服务内容，采取"一站式"集中服务，改善服务态度，提供方便、高效的便捷服务，等等。这三个维度都是服务型政府的内涵范畴，但三者所体现的层次和水平并不同。服务型政府最核心的要义是定位于价值理念的服务。只有将代表公民和社会利益的价值理念贯穿政府的制度安排、治理模式、工作方式等公共权力运行的全部过程和环节中，这样的政府才能称为服务型政府。如果仅仅将服务的概念定位于理念和方法的转换上，将失去服务型政府的价值内涵，而停留在形式更新上。建设服务型政府实际上就是政府以树立服务型理念为核心和基础，实现政府从管制到管理再到服务的转移，在体制与机制、法律与政策、职责与功能、领导方式与管理方式等各个方面实现服务理念在政府行政中的贯彻和落实。

根据上述服务型政府的内涵范畴，进行服务型政府建设需要从三个方面入手：首先，强化与确立政府的服务价值理念和观念，也就是说用服务行政的理念代替管理行政的理念。服务行政的理念是价值定位而非工具定位，是公民本位而非政府本位，是公正导向而非效率导向，因而服务行政理念与管理行政理念相比能够更充分、更完全地代表公众和社会的意志和利益。只有在服务行政理念的指导下，政府才能为整个社会的公众利益提供保障。其次，建立与服务理念相配套的规则制度，从而形成政府服务社会和公众的长效机制。政府需要建立起适宜的服务规则和制度，来实现服务理念的承载与落实，确保当管治行政与服务行政发生冲突时，能够依靠制度规范来坚持服务行政优先、公众利益优先，并通过政府服务规范和制度约束，确保政府服务价值理念的实现。最后，在服务理念的指引下，实现政府行政操作范式的改进与优化。服务方式方法的改进，尽管只是服务型政府形式上的体现，但却是和公众直接对接的环节，也是最能得到"体察反馈"的部分。行政方式的服务化、人性化和高效化，将使政府服务职能模式的转型得到公众的支持和拥护，为彻底改变管理型的政府职能模式积蓄改革动力。

二、生态服务型政府的创建

根据服务型政府的定义，服务型政府是按照公民本位、社会本位的价值追求，以公民服务为宗旨而构建起来以承担服务职能为主的政府。那么，所谓生态服务型政府就是在以服务公民或社会为价值理念，充分履行生态服务功能，以服务生态文明建设为主线。生态服务型政府作为服务型政府的功能分支和职责细化，其生态职能的强化同样要遵循服务型政府的基本内涵，即树立生态服务理念，改进生态管理方式，促进政府建立健全生态服务的职责和功能，实现生态服务型政府的转变。生态服务型政府的转变既是指由管理向服务的转变，也是由环境向生态的转变，促使政府由发挥一般的环境管理功能转变为提供专业的生态文明建设服务。

实际上，生态服务型政府的建立不仅是对服务型政府的细化和功能区分，而且还造成了内涵上的延伸和扩展。这是由于服务型政府和生态服务型政府的服务客体发生了变化。一般而言，政府的服务对象是人和由人的相互关系组成的社会。无论是政府的经济服务、政治服务、社会服务还是文化服务，其主要的服务对象都是人和社会。但政府的生态服务将人类社会以外的自然生态纳入行政相对方的位置，作为服务的对象看待。因此，政府的生态服务内容更加丰富，职能范畴更加多元。具体而言涵盖三个方面的内容：其一，要为生态自然服务。为了实现人与自然的和谐，政府就需要承担起服务生态自然的责任。在马克思主义理论中，人与自然就已经不再是各自独立的状态了，自然被看成是人的无机身体，是人类社会的物质承载。但是在现代的市场经济理论中，自然仍然被排除在经济社会之外，其外部性始终没有被消除，导致经济的增长抛开了自然损害的成本和代价。作为典型公共产品的生态环境，其保护与治理离不开政府提供的生态服务，无论是对自然资源的恢复还是对公共环境的治理，政府在其中担负的职能实际上就是为生态自然提供服务。其二，要为生态市场服务。强化政府的生态服务离不开生态市场的建立和完善。市场机制仍然是社会资源的主要配置手段，而确保社会资源的生态化、集约化就需要充分发挥市场调配的作用。一方面政府作为市场规则的制定者，可以有效鼓励绿色环保产品进入市场，引导消费者形成绿色消费观念，同时抑制污染企业的产品进入市场。另一方面政府作为生态产品和服务的提供者参与市场竞争，如城市供水、垃圾处理、荒山治理、土地拍卖等，为市场主体提供优质廉价的生态服务。其三，要为生态社会服务。生态服务型的政府，不仅要保证人与自然生态的相融和谐，还要保证社会生态的平稳有序。这里说的社会生态是指与自然生态密切相关的生态体制、机制、政策等，如生态管理体制、生态危机处理机制、生态宣传政策等。这些体制、机制、政策的规范和完善影响着整个生态文明建设的顺利开展和有序推进，是生态服务型政府必备的职能。

三、政府生态服务的强化

我国在生态文明建设中出现的种种问题，如对经济指标的过分看重、发展中的短视行为、自然资源的浪费、生态监管的不到位等都和政府生态服务的能力不强有关。建设生态服务型政府就是要强化政府的生态职能和提供更为充分、优质、便捷的生态服务，对此可以从以下三个方面入手：

首先，增强政府的生态服务意识。当代中国，在资源环境与经济发展和社会民生高度关联的条件下，政府已经将生态建设摆在越来越重要的位置，从总体上看政府基本上树立了生态观念和思想，提供生态服务也成为政府的一项基本职能。但是，生态观念的树立不等于生态服务意识的强化。一方面政府生态职能的行使主要还是采取生态管制和约束等硬性手段，在人性化的生态服务上还存在很多缺失。另一方面政府的生态服务往往被看作工具性手段，而不是实现生态文明社会的终极目标。在手段而非目标的前提下，当经济发展和生态、资源、环境发生冲突时，政府的生态服务就会让位给经济服务。也就是说，政府如果没有将生态文明作为一种价值追求来看待，也就不能将生态服务观念贯穿于整个行政行为中去。这不仅是经济上的短视，更是政治上的短视。生态利益是人类、民族和社会的共同利益，也是长远利益、持续利益和代际利益的集中体现。政府作为体现社会本位和公民本位的行政力量，必须为社会和公众提供符合其利益的公共服务。而政府在眼前与长远、短暂与持续、整体与部分、当代与后代的选择中，只有将后者作为优先选择的目标，才能尽早破除生态环境与人类发展的尖锐矛盾，尽快改善不良的生态环境状况，建立起符合公共利益和长远利益的生态文明社会。

其次，构建政府的生态服务体系。政府的生态服务应该是涵盖生态文明建设各个方面的一整套系统。在行政体系上，要建立起具有充分生态职权，能够参与生态决策，进行生态治理，协调生态利益的管理组织。在市场体系上，政府能够利用价格、税收、信贷、土地及政府采购等手段，建立起有利于生态建设的市场准入和鼓励机制，建立起生态交易和生态补偿的市场体系，实现生态成本的内部化。在生态建设的主体培育上，建立起多元参与的生态主体体系，通过减少行政限制，简化审批程序，加大支持力度，给予积极引导，让公众、企业以及非政府组织同政府一道承担起建设生态文明社会的责任。生态服务体系还可以在管理规划体系、制度规范体系、监督检查体系、危机应对体系等多个体系中得到体现。需要强调的是，建立生态服务体系不是体系中各部分服务要素的简单增加，而是要形成服务功能的联动，从而使整个体系的服务能力和水平得到改进和提升。

最后，明确政府的生态服务责任。由于政府生态服务对象涵盖自然、经济和社会三个方面，政府生态服务的强化也应从这三个方面加以推进。在自然责任方面，我国政府代表国家拥有多种自然资源，是优良生态环境的创建者和维护者，在当前自然资源和生态环境不断恶化的趋势没有得到有效控制的状况下，政府需要不断加大对自然资源和生态环境保护力度，严格环保项目审批，不断完善生态法治建设，加强环境执法，有效应对和处理各种生态危机，确保生态、环境、资源得到充分而适当的保护，杜绝过度破坏生态行为的出现。在经济责任方面，利用经济杠杆，推动企业参与生态环境治理，鼓励企业开展技术改造实行清洁生产；大力发展循环经济，避免企业生产的单通道形式，即"资源—产品—污染物排放—垃圾"，鼓励低排放、低消耗、高效率、再利用的生态经济模式的推广和采用；鼓励绿色消费，通过正确的教育和引导摒弃过度消费、奢侈消费等消费观念，代之以循环消费、绿色消费、低碳消费的消费理念等。在社会责任方面，政府要着力解决人口问题、贫困问题、城市化问题、生态观念宣传教育等关乎社会生态化的重要问题，实现生态服务行政由效率中心向价值中心的转移，建立起能够实现包括资源环境公共享用和社会财富公正分配在内的各种社会公平制度。

第二节　生态责任型政府的确立

一、责任型政府的含义

按照现代政府理论，政府对社会价值规范的确立和社会的治理是负有责任的。这种责任来自政府权力的赋予要求。政府权力来自人民的赋予，人民把社会管理和维护的权力交由国家，国家委托政府予以行使。政府的权力还来自上级政府对下级政府的授权。中央政府按照部门与地域的区分，对权力进行分配，让权力在国家范围内的各个领域的空间和时间得到填充与覆盖，从而在各个维度上对社会进行管理。但是政府的权力并不是没有边界的，政府需要承担与权力匹配的责任。一般而言，政府责任是指政府组织及其公务人员因其具备公共权力而需要对授权者负责和承担法律法规所规定的责任。从性质上划分，政府责任可分为积极责任和消极责任。积极责任是一种肯定性责任，是指政府和公务人员在职权范围内对社会承担相应的责任；消极责任是一种否定性责任，是指政府和公务人员因违法违规而应承担的强制性义务和不利后果。从种类上划分，政府责任可分为政治责任、行政责任、法律责任和道德责任四个类别。改治责任，即政府的政治决策和政治行为要对公民负责，要维护国家和社会的公共利益，违背这一原则的行为，无论是政府组织还是个人，都应该受到相应的政治上的惩戒。行政责任，即行政人员具有依法行政的责任，需要严格按照行政程序和规范实施行政行为，否则将受到相应的行政处罚。法律责任，即政府组织和公务人员应遵法守法，违法行为应该按照法律法规给予相应的制裁和惩处。道德责任，即公务人员在行使公共权力和从事公共事务管理时要遵从道德规范，维护社会的公序良俗，弘扬公道正义的责任，违背道德的行政行为将丧失公信力，遭受舆论上、道义上的谴责。

中国在向现代化迈进的过程中，已经把责任型政府的建立当作我国政治体制改革的一个主要方向。2006 年，国务院公布的《中华人民共和国国民经济和社会发展第十一个五年计划纲要》首次使用了"责任政府"这一概念。2008 年，党的十七届二中全会通过的《关于深化行政管理体制改革的意见》中，将构建"责任政府"作为深化行政管理体制改革的要求之一。我国所要建设的责任型政府，是指一种负责任的行政体系，它是以全心全意为人民服务为宗旨的政府，政府的一切措施及领导干部的一切行为必须以人民利益为依据，政府行为必须对民意负责，当政府行为出现重大过失时，它必须承担相应的政治、法律和道义上的责任（吴威威，2004）。责任型政府反映的是民主政治的一种基本理念，是将满足社会公众的基本要求当作政府的核心内容，如果政府不能采取积极的行动改善和提升公共利益，或者由于不当行政或行政不作为反而使公共利益遭受到了损害和破坏，政府就要承担政治、法律、行政、道义上的责任。

二、政府生态责任的明确

政府的生态责任并没有与政府的政治、法律、行政、道德责任并列，成为一项单列的责任，这并不是说政府不重视生态责任，而是由于生态责任的特殊性质，它是蕴含在政府的政治责任、法律责任、行政责任和道德责任之中的。从政治责任上看，中国到 2035 年将基本实现社会主义现代化，到 21 世纪中叶建成富强民主文明和谐美丽的社会主义现代化强国，生态文明建设都是其中不可或缺的组成部分，政府的生态责任已经包含在中国发展建设的大政方略和整体布局当中，生态责任是政府履行政治责任的重要方面。同时，生态责任当中带有的公平、民主、正义的内涵，也是政治发展的目标和完善的方向，离开生态责任的政治责任是不完整的。从法律责任上看，生态保护中环境立法已经成为我国社会主义法制的有机组成部分，现有的环境法已经自成体系，涵盖了从环境基本法到专项法，从程序法到实体法的各个方面。若政府的组织及其公务人员违反生态环境法律纪律，将根据危害行为的性质给予相应的惩处。因此，政府生态责任既是法律责任的要求，又受到法律责任的保障。从行政责任上看，政府生态责任主要在于维护生态的平衡，实现人、社会与自然的和谐，这种和谐的状态也是政府行政的终极目标之一。实现政府的行政目标需要借用生态责任的行使手段，对生态进行维护和治理。通过担负生态建设责任，实现人类生存与发展的有序、持续、健康和进步，使生态责任与行政责任实现了手段与目标的统一。从道德责任上看，生态道德观念的树立是公众生态观和生态价值判断形成的思想基础，政府担负着生态观和生态价值的培育与传承责任。这种责任作为社会道德观、价值观的一部分，就构成了政府道德责任的有机组成部分。生态道德是社会公德的重要内容，生态责任的实现不能脱离生态道德的引导和规范。政府道德责任必然包含生态责任的道德因素，生态责任的履行为生态道德的弘扬起到了积极的推动作用。从以上四个方面来看，生态责任已经包含在责任政府的四种责任之中。同时，生态责任也使得政府各项责任的内涵和作用得到了拓展和延伸。

三、生态责任型政府的创建

政府的生态责任关系当前生态环境的治理和保护，关系当前我国经济发展与生态改善之间的利益取舍，关系政府对市场主体生态行为的引导和约束，关系整个民族和国家赖以生存的生态基础，是政府责无旁贷、必须履行的责任。但生态责任并不会自动地落实到政府的具体行动中去。政府责任的实现"需要一种精心设计的责任结构以确保那些代表公众利益的人为了公民的权益能够付出最大的努力"①。同样，生态责任也需要一套相应的责任落实机制，让政府的生态治理能力能够得到尽用和善用，用制度的力量保证生态责任的兑现。

首先，合理配置政府的生态责任。政府的生态责任是政府为满足公众的生态需求而承担的义务，生态责任的履行需要有相应的义务作为支撑。我国政府的基本职能有四项，即经济调节职能、市场监管职能、社会管理职能和公共服务职能。政府的生态治理功能是这四项职能在生态方面的强化和综合。落实政府的生态责任，其首要任务是强化政府的生态功能。为此，一是要在政府行为中需要树立起生态危机意识、满足人类世代生存发展需要、生态利益优先等生态观念，以此来引导政府的政策选择，实现政府的生态善治。二是要合理配置政府的生态管理权限。在充分考察生态治理特性的基础上，建立有独立权限、能够发挥综合协调作用、具有高度行政公信力和权威性的生态管理机构。三是推进政府转型，由权力本位变责任本位，由政府本位变公民本位，由以管制为主变为以服务为主。将政府不该管、管不好的一部分生

① Donahue J. The Privatization Decision: Public Ends, Private Means [M]. New York: Basic Books, 1989.

态事务推向社会，提高社会生态自治的能力和水平。

其次，建立健全生态责任追究制度。构筑完备的生态监督体系，是生态责任型政府有效运作的制衡力量。生态责任问题是当前社会公众最为关切的问题之一，也是同个体利益最密切相关的公共问题之一。政府生态责任的落实情况受到全社会公众的广泛关注和深度关切，这就要求政府必须建立起规范严密的生态责任督促和监督制度，尤其是要对造成生态破坏的生态责任进行追究，依法实行质问制、问责制、罢免制，把责任的追究作为加强权力运行的制约和监督的一个重要方向来抓。为了确保政府生态责任的履行，同样需要建立相应的生态责任追究制度，如生态问责制度、生态听证制度、生态执法责任制度以及生态国家赔偿制度等。"有权必有责、用权受监督、侵权要赔偿"是生态追究制度的基本原则，只有建立健全生态责任追究制度，让代表公共权力的政府及其公务人员为其权力行使造成的消极性生态后果承担责任、受到惩处，才能充分保证生态责任的真正落实。

最后，引入生态考核与评价制度。衡量政府责任兑现到位与否，需要对政府绩效进行评估。所谓的政府绩效，是指对政府履行职能的成绩、业绩、效率、效果等进行评估，对政府责任履行的结果进行定量的分析，给出一个定性的成绩。政府绩效评估需要有一个指标体系，指标体系反映的类别、项目、比重、等级等决定了绩效评估的成绩。以往，我们在评价政府绩效时总是将政府在带动经济增长方面的指标作为决定性的因素，GDP 的增长速率被等同于政府的工作业绩，其结果是政府为了追求政府绩效而忽略了人、社会与自然的因素，以生态的失衡、资源的浪费、环境的破坏为代价来换取经济的增长。政府生态责任的提出和强化，就意味着要对这一指标体系进行修正和革新。一是要建立起科学的政府绩效评估指标体系，让生态指标得到充分的引入和广泛的涉及，提高政绩评价的生态分量。二是要提高生态责任的刚性，对于生态问题严重的地方可以实行生态责任"一票否决制"，用绿色GDP 取代 GDP。三是要对公务人员进行生态考绩和生态审计。政府的生态责任最终是要落在每一名公务人员身上，这就需要将生态指标纳入到政府公务人员的业绩考核中，对领导干部实行生态责任审计，并将考核和审计结果作为提拔、任用、奖惩、问责的重要依据。

第三节 生态法治型政府的完善

一、法治型政府的含义

法治政府是现代政府的一个基本属性和特征，它的内涵在于政府必须按照"法律统治至上"和"依法治理"的原则行使职权，用法律作为衡量政府权力的尺度，标示出政府行政的作为和不作为的边界。如果政府的法治理念能够贯穿于政府的整个制度安排、操作行为的各个环节，通过法治来实现更好地为公民和社会的公共意志和利益服务，并演化成政府的行政模式和运行范式，这样的政府就是法治型的政府。也就是说，对于法治型政府而言，法治的价值不仅仅在于依法治理，还包括限制政府权力膨胀，防止权力的滥用，维护公众的权利和利益，保障公共秩序，实现公平、正义、自由、平等意蕴。法治型政府价值意蕴的扩展来自于对其主客体性质与关系的变化。非法治型政府当中，也包含法治，实行法治的主体是政府，客体主要是非政府的社会公民和组织，法治的目的在于维护政府的统治，加强对民众的控制。因此，这里的法治是指政府的法治，而不是法治的政府。在法治型政府中，法治的主体依然是政府，但是客体发生了变化，法治不仅针对政府以外的社会力量，还包括政府自身。法治型政府首先强调的是对政府权力的依法限定，然后才是对社会公民和组织的依法治理。这样法治就有自治与他治之分，在自治中，政府既是主体又是客体，他治中政府只强调作为主体的方面。政府自身作为法治客体应当是法治的要义和精髓，也是法治政府的核心与关键（黄爱宝，2011）。法治型政府的自治功能的发挥，必然要求制约和限制政府的权力，让政府以公民本位和社会本位为行政的核心追求，为维护社会公利提供优质而充分的服务。

法治政府也是我国政府建设的目标之一。党的二十大报告中提出，"扎实推进依法行政。法治政府建设是全面依法治国的重点任务和主体工程"。经过不断的法治化建设，我国政府在转变政府职能、优化政府权力体系和组织结构上不断发力，在机构的设立、运行、决策、程序等方面实现了制度化、合法化、规范法。但政府对自身的刚性约束还不是很强，对法治的贯彻还主要停留在制度和操作层面，政府还没有形成稳定的、健全的法治模式和范式，距法治型政府的标准还有差距。

二、生态法治的内容

生态法治是法治型政府基于生态民主和生态服务理念在生态治理上的法治体现，也是生态文明建设的必然要求和必要手段。生态法治的重要意义不仅在于对生态环境的保护和治理，更为关键的是生态环境法治也是维护生态民主的重要保障。坚持环境法治，就是坚持依照宪法和环境法律治理国家的环境行为，就是广大人民群众在党的领导下依法通过各种途径和形式管理国家环境事务，逐步实现环境民主的制度化、法律化，使环境法律制度和环境法律不因领导人的改变而改变，不因领导人看法和注意力的改变而改变（蔡守秋，2008）。由此观之，环境法治和生态法治继承了法治的核心价值，体现着民主与公共利益至上的原则，加强生态法治建设就需要在立法、执法和司法的各个环节体现民主、服务理念与法治的有机结合。

生态法治和法治既有原则上的一致，也有含义上的不同。生态法治不仅仅是法治型政府在操作层面上的一个具体分支，它还是对法治范畴的拓展和扩充。如果传统法治主要是以调节人与人、人与社会之间的关系为全部内容，生态法治则是以调节人与人、人与社会、人与自然三个方面的关系。自然因素的引入在增加了调节的复杂度之外，意味着生态法治下的现代社会需要具备更高的价值追求。这就是要将人的个体利益、社会利益和自然利益结合起来，在法治建设中给予充分的考察，其直接的指向就是要强调人的长远利益、整体利益高于和优于局部利益、暂时利益。生态利益、自然利益决定着人类的长远利益和整体利益，因此它们要高于一时的经济利益、个体利益。当代人应当学会与后代人对话，不仅要讲当代人的人权，还要讲后代人的人权，不仅要讲同代人的公平，还要讲代际公平。现代社会需进一步强化生态文明和代际人权的概念，以这些新的法制观指导公法制度建设，以公法制度支持和保障代际人权与代际和谐（肖金明，2007）。因此，生态法治需要建立在维护代际公平和代际人权的基础上，规范人的行为，实现人、社会、自然的彼此协调和长久和谐。

三、生态法制型政府的完善

我国政府的生态法治建设还比较滞后，在立法、执法和司法方面都存在不足，为此需要按照生态法治的理念和要旨，加强对这三个方面的建设。

首先，完善生态立法体系。完备、科学的生态法律体系是国家进行生态治理和保护的法律依据，也是生态文明建设必须具备的条件和保障。在当前生态立法中，存在立法不健全、条款不细化、责任不清晰、修订不及时等种种问题。为此，需要以生态文明为方向，以法治理念为原则，通过健全法制，扭转法律中存在的偏向，不断完善我国的生态法律体系。具体而言可以从以下几个方面进行改进：一是全面体现生态文明建设内容。新修订的《宪法》和《环境保护法》中已多处体现生态环境保护思想和主旨，其他国家法律、行政法规、地方性法规、司法解释、党内法规也应当适时修订，融入生态文明建设的内容和要求。二是强化生态环境法律体系的统一性和完备性。在已经构建的生态环保法律体系和制度体系中，还需要进一步消除规制不统一造成的矛盾和冲突，加快推进《生态环境法典》的建设。三是制定新的生态环境法律填补生态治理空白。按照建设美丽中国的新标准，进一步补充生态环境的法律法规，如碳排放权交易管理、生态环境损害赔偿等，体现新时代条件下我国生态环境保护的法治主张和生态需求。四是进一步推进山水林田湖草沙冰一体化的保护与修复。从生态系统整体优化的宏观视角出发，把孤立的水、土地、森林、海洋、大气等要素之间的点状的、线性的立法关系，转向符合生态特征的空间的、立体的、复合的立法关系，制定体现生态环境综合防控的跨行政区域、以地理地貌特征和全流域全系统为特征的环境保护法律法规。五是细化生态环境法律，充实相关标准。加强生态环境治理的精准化，不断完善国家环境标准体系，补充制定没有国家标准的地方特色产业或者特有污染物的地方标准，制定更严格的地方标准。通过标准引领生态环境管理转型，倒逼产业结构优化升级，推进生态环境治理向纵深发展。

其次，加大生态执法力度。执法刚性不足是导致我国生态治理效果不彰的主要原因之一。为了增强我国政府的生态执法力度，可以从以下几个方面入手：一是改变政府政绩考核指标，建立生态文明建设的评价导向，让政府对管辖范围内的生态状况负有首要的责任，并形成科学而有效的责任制度加以督促和保障。地方政府的主要领导是对其辖区范围内生态环境保护和治理的第一责任人，他们对生态环境的重视程度直接影响到生态环境的维护力度。只有通过有效的制度安排，让政府和生态环境行政部门能够因生态状况和治理水平体现政绩，承担责任，才能有效避免为追求经济增长而对生态建设造成的冲击和干扰，才能让生态执法的力度更具刚性。二是改革生态执法体制，形成综合执法的统一机制。生态执法力度不强的另一个原因在于执法的主体过多、政出多头、权限不明、协调困难、责任难当。这就需要改变生态执法主体分散在环保、土地、农林、水利、矿产等众多部门的状况，将执法权集中在能够有效协调各方，始终以体现公众的生态环境利益为最高目标的部门手中，既发挥综合管理作用，又具备执法的独立性和公正性。三是改善执法条件，提高执法人员水平。我国生态执法不到位也有自身建设不足的弊病。为此，需要增加生态执法的投入，保证资金到位，设施设备得到及时配备和升级，提高生态监测水平。更重要的是，增加对生态执法人员的培训，提高其生态专业知识和生态法律法规的掌握水平，增强生态执法能力。

最后，强化生态司法职责。生态司法是建设生态法治型政府建设十分重要的一环，它在对生态违法行为进行监督、审查和制裁，对被侵权者提供司法救助，对生态法律提供司法解释等方面都发挥着不可替代的司法作用。强化生态司法职责，一是发挥司法机关的作用。在法治社会中，独立的司法机关是最有效、最可靠的维护生态法律权威，保护公民生态合法权益、打击生态违法犯罪行为的机构。我国生态司法相对于行政执法而言，还不是生态维护的主要力量，有关生态的刑事诉讼、行政诉讼和民事诉讼主要还是用于解决争议和进行救济补偿。强化生态司法职责，需要进一步发挥司法机关的作用，注重生态立法、生态执法与生态司法的贯通与衔接，更多地利用生态司法诉讼的手段，用司法的力量来推进生态的建设与保护。二是排除行政干扰，保证生态司法的公正性。由于行政力量的主导性强，政府介入司法过程进行干涉的情况时有发生。有些地方政府出于对保护地方经济的考虑，有时会对环境案件的司法过程予以干预，形成直接或间接的影响，让司法机关做出同政府立场一致的判决。生态司法要坚决而彻底地贯彻司法的独立性原则，杜绝任何外部力量对司法的干涉，保证司法机关程序上的公正和实质上的正义。三是完善生态公益诉讼制度和公诉制度。国家现行的公益诉讼制度只能由人民检察院或法律规定的机关和有关组织提请有关生态环境和资源保护的行政及民事公益诉讼。现行《民事诉讼法》也规定："原告是与本案有直接利害关系的公民、法人和其他组织。"这实际上就排除了与案件无关，但为了维护他人或公共利益而由社会力量或民间组织提起公益诉讼的可能。同时，一些生态违法案件的受害方，由于自身能力有限，再加上信息、资金、技术的劣势，很难承担举证责任。为了维护弱势一方的生态权益，可以尝试建立生态公益诉讼制度，利用非官方公益组织的力量保障公众生态权利；对于一些没有直接受害人的生态环境案件中，应该进一步细化公诉标准，敦促检察机关提起公诉，维护国家和公众的生态利益。

第四节　生态透明型政府的推进

一、透明型政府的含义

建设一个服务、责任、法治型的政府，是政府治理体系与治理能力现代化的方向之一。实现这一目标有一个不可或缺的前提条件就是实现政府的公开透明，即建设透明型的政府是构筑现代政府、实现国家有效治理的一个基本要求。公共管理理论认为，现代政府治理不再是从上至下单向度的管理，而是强调政府与公民的合作，政府行政需要获得公民的支持、理解和认同，通过双方协商、合作和双向互动来完成公共管理的过程。实现这一有效治理过程需要政府是一个阳光政府、透明政府，能够让政府信息得到公开，能够为公民参与公共管理提供及时、准确的信息资源。每一个公民都有权获得与自己利益相关的政府政策的信息，包括立法活动、政策制定、法律条款、政策实施、行政预算、公共开支以及其他相关政治信息。透明性要求上述这些政治信息能够及时通过各种传媒为公民所知，以便公民能够有效地参与公共决策过程，并且对公共管理过程实施有效的监督。① 因此，建设透明型政府，可以有效地保障公民的知情权、参与权和监督权，是实现政府有效治理的重要前提和基本要件。

---

① 周红云：《透明政府》，http：//www. chinainnovations. org/Item. aspx？id＝28560，2011 年 4 月 9 日。

从理论上看，把握透明型政府的含义包括三个方面：首先是明确透明型政府的信息公开的内容。行政机关在治理中需要公开自身的基本情况和掌握的相关信息。但是对于政府应该公布哪些信息有两种不同的界定：一是政府应该在法律允许的范围内公布自身掌握的政务信息（傅琼，2006），也就是和政府的行政事项相关的信息。二是政府应该在法律允许的范围内公布自身掌握的公务信息（王颖，2006），这里不仅包括行政事项信息，还包括行政组织、行政行为、行政程序、行政结果的信息，是更深入和全面的透明。透明型政府如果按照实现公民的有效参与和治理的目标出发，实现第二种透明更能发挥作用。其次是明确透明型政府的本质属性。作为一种政府模式，透明政府应该是一种建立在公正民主和公共服务基础上的"透明"价值理念，并用这种理念来建立相关的制度规范予以保障，最终在政府的行政行为中得到贯彻和体现。因此，透明型政府的本质在于透明理念、透明制度和透明行为的贯穿和统一。最后是透明型政府中政府与民众的关系。传统的政府模式并非没有信息公开，只是政府作为绝对的主体，由它决定公开什么、如何公开，公民只能被动接受。透明型政府则强调的是在信息公开中政府与民众的双向互动，民众可以要求政府进行相关信息的公开，主动参与行政决策和监督。

二、生态透明型政府的内容

生态透明型政府是指以实现人与社会、自然的整体和谐为目标，通过一定的生态信息发布的体制规范，公布有关生态状况和生态治理的相关信息，从而保障公众生态知情权、监督权、参与权的政府模式。生态透明型政府的主要内容，就在于公布政府生态信息。政府生态信息是指国家行政机关，在履行生态环保职能中获取或形成的各种信息，主要包括生态环境状况信息、生态危机信息、生态保护措施信息以及生态行政行为的过程及结果的相关信息等。政府是生态环境信息的主要集中者，政府具有一整套的制度安排可以获取普通公民和组织不具备的生态环境信息。例如，政府可以通过排污申报登记制度，要求所有造成污染物排放的企业、单位和个人，向所在地的环境行政管理部门申报污染物的排放和治理情况，并接受环境行政部门的管理和监督。政府还可以建立环境监测站点，对某一定点的生态环境状况进行实时监控，并对其发展变化状况进行预测和评估。由此记录和整理的相关数据，将为政府部门制定生态环境政策、法规、标准提供依据和资料。如果这些信息都只掌握在政府手中，必然会造成政府和公众的信息不对称，进而就会阻断公众参与生态决策和治理的通道。

长期以来，受封闭型管理理念的影响，我国的生态环境信息的公开没有得到充分的重视。特别是由于生态问题的突发性和不确定性，导致生态决策的高风险和高复杂性，政府出于降低决策责任风险和避免引起不必要的麻烦的考虑，对生态信息往往只做有限的公开。近年来，随着公众生态意识的增强以及透明政府的影响，我国政府对生态信息公开愈发重视。1992年，在巴西召开的联合国环境与发展大会上，包括我国在内的183个国家、70个国际组织正式通过的《里约宣言》指出，在国家一级，每个人都应能适当地获得公共当局所持有的关于环境的资料，包括关于在其社区内的危险物质和活动的资料，并应有机会参与各项决策进程。各国应通过广泛提供资料来便利及鼓励公众的认识和参与（万以诚和万岍，2003）。2007年1月，国务院正式公布了《中华人民共和国政府信息公开条例》，2019年进行了修订，我国的政府环境信息公开制度很快得到了推行和运用。同年，国家生态环境部公布了《生态环境部政府信息公开实施办法》，为保障公民、法人和其他组织依法获取生态环境政府信息，提高政府工作的透明度、建设法治政府、充分发挥生态环境信息的服务作用提供了法律依据和保障。

三、生态透明型政府的推进

生态透明型政府作为透明型政府的一个具体组成部分，也是透明理念、透明制度和透明行为的有机统一。推进生态透明型政府的建设，就是要在意识观念层面、制度规范层面和操作行为层面加以完善与改进。首先，确立信息服务的透明理念。政府提供的公开信息服务，其最终目的是为了提高公民的生态治理的参与度，维护公民的生态公共利益。因此，加强生态透明型政府建设先要摒除集权统治观念下"民可使由之，不可使知之"的思想，树立起公众是政府的权力主体的根本理念，并以此为基础加强政府与公众的合作和互信，为公众参与生态决策和治理提供及时、充分、准确的公共信息资源。其次，健全透明政府的各种制度规范。尽管我国已经出台了政府环境信息公开的法律规范和基本制度，但我国环境信息公开依然处于初始阶段，地方性的信息公开立法还没有配套，生态信息传递、沟通制度还有待完善，一些法律法规和制度较为抽象和宏观，缺乏可操作的实施细则。有的条款没有给出适用范围和具体案例，这就需要出台配套的法律解释，对相应的法律条款进行细化和明确。最后，科学选择生态透明型政府的创建路径。充分发挥生态透明型政府的作用，需要建立能够适应生态信息特点的操作平台和行动路径。政府生态信息的收集和处理需要大量的录入和运算，同时，政府生态信息的公开和发布也需要适时地更新和补充，否则难以满足公众对生态信息多样性、丰富性、专业性、即时性的要求。为此，可以着力推进电子政务信息公开系统的建设，利用现代网络技术和信息技术为社会公众提供各种包括生态信息在内的政府公共信息。通过提供自动化的公共信息服务，节约政府信息公开成本，建立政府与公众平等、直接、快捷的信息交互平台，实现公共信息的交换与共享，提高政府信息公开的服务水平和工作效率。

第七章　生态型政府的建设路径

提升我国生态文明建设的成效，需要不断进行创造性的改进和加强，可以完善治理主体结构，实现多元主体的生态参与；强化经济手段的运用，利用多种经济杠杆避免"市场失灵"；健全政府绩效考核制度，形成生态导向的政绩评价体系；担当必要的国际责任，促进生态全球治理体系的建立。多种生态建设方法、手段、渠道、平台的创新和引入，将为健全和完善我国生态文明建设找到新的路径。

第一节　开放治理下的多元主体参与

一、开放治理下的多元主体

生态治理从经济的角度看，实际上就是一种生态资源和生态产品按照一定规则和办法进行生产、交换、分配、消费的行为，并让这种行为保持在生态平衡允许的范围内，以保证生态的循环再生和持续发展。在我国传统的生态治理模式中，治理的主体只有政府，由政府单独开展生态治理。这种情况一直伴随着计划经济体制而存在，社会生产的一切劳动产品都被当成公共物品，按照中央政府制订的计划进行调拨和分配。计划经济体制下政府掌握着一切生态资源和产品，又决定着生态治理的规则和办法，从某种程度上排除了市场与社会力量，形成生态治理的单一主体模式。但是随着改革开放的到来，市场和社会的力量得到了释放，经济发生了转型，体制也出现了变革，国家和社会的关系发生了根本性的变化。政府不再是指定的生态公共物品提供者，非政府组织和个人也参与到生态公共物品的供给中来。这样，由政府单一主体的生态治理模式，开始向着多元化主体模式转变，非政府组织和个人在生态治理中发挥着越来越重要的作用。

按照政府治理理论的观点，所谓多元主体模式的转变，是在国家与社会的分离中产生的。在传统的国家治理中，只存在二元范式，即政治领域和经济社会领域。其中，经济领域和社会领域是一体的。随着政府一元体制的转变，特别是公民社会的兴起，国家治理由二元范式变成了三元范式，即政治领域、经济领域和社会领域，与此相对应的三个活动主体分别是政府、营利组织、非营利组织和个人（唐娟，2006）。这里营利组织主要是指市场的微观主体即企业，非营利组织指为社会公益服务的组织和个体，他们共同构成了包括生态治理在内的国家治理的主体。治理的主体既可以是公共机构，也可以是私人机构，还可以是公共机构和私人机构的合作。治理是政府国家与公民社会的合作、政府与非政府的合作、公共机构与私人机构的合作、强制与自愿的合作（俞可平，2000）。具体而言，参与生态治理的主体应该有四类，分别是政府、企业、环境非政府组织和公民。建立可以使这四类主体共同发挥作用的开放治理模式，可以有效避免政府单一治理模式出现的弊病与缺失，其必要性体现在以下几个方面：

1. 实现从治理到善治转变的要求

善治是治理的最佳状态，是善政的最佳结果。善治既是结果也是过程，从结果角度看，善治是现代社会各国政府共同追求的目标，能够最大限度地维护公共利益，用低廉的治理成本实现政府的治理目标，并且有效克服政府的治理失效问题。从过程角度看，善治的目标得以实现，需施加善治的行为，这就是符合公民社会的需要，实现还政于民，让国家权力回归社会，并形成平等、互利、互促、互助的新型关系。对于政府、公民及社会的不同主体在实现善治中的作用，俞可平（2000）给予了说明，善治表明国家与社会或者说政府与公民之间的良好合作，从全社会的范围看，善治离不开政府，更离不开公民。从某个小范围的社群来看，可以没有政府的统治，但却不能没有公共管理。善治有赖于公民自愿的合作和对权威的自觉认同，没有公民的积极参与和合作，至多只有善政，而不会善治。所以，善治的基础与其说是在政府或国家，还不如说在公民或民间社会。从这个意义上说，民间社会是善治的现实基础，没有一个健全和发达的民间社会，就不可能有真正的善治。实现善治，公民、社会组织等力量的参与以及与政府的通力合作是不可或缺的。在现代社会条件下，政府的单一治理是不可能实现善治的。只有通过多主体的参与与合作，才能避免任何一方单一主体生态治理失灵的现象，抑制单方利益最大化的恶性产生，从而实现治理手段的多元和高效，保障公共利益的最大化，达到善治的效果。

2. 实现生态民主的客观条件

生态民主就是在健康的政治共同体中，政府、个人与社会中介组织、社会组织或者民间组织以及企业，将生态利益作为最高诉求，通过多元参与，在对话、沟通、交流中，形成关于生态利益的共识，做出符合大多数人利益的合法的决策（申振东和龙海波，2011）。生态文明的社会是社会公民能够充分享有生态民主的社会。生态民主本质是一种多元主体参与的协商机制。在这种民主协商机制中，主体的多元化是必备的条件之一。没有民众的参与，在政府的单一治理模式下，既不存在协商也不存在合作，这就必然导致政府的行政垄断，从而忽略甚至违背民众的利益和诉求。因此，公民和社会组织的参与是实现生态民主的核心力量，只有公民和社会组织在生态治理和相关事务中具有充分参与和决策的资格与权利才能实现生态民主，也只有实现生态民主才能协调好人与自然生态的关系，实现生态文明的建设目标。实现生态民主对我国来说还有着特殊重要的意义。我国作为一个社会主义国家，人民当家做主是社会主义民主政治的核心。我国《宪法》第二条规定："人民依照法律规定，通过各种途径和形式，管理国家事务，管理经济和文化事业，管理社会事务。"参与生态管理是我国公民权利的自然延伸，也是社会主义民主的重要内容和表现。因此，我国在进行政治体制改革、推进社会主义民主建设中就不能离开生态民主建设，通过生态治理的多元参与来促进社会主义民主的发展。

3. 实现政府生态转型的现实需要

随着公民社会的崛起，政府既不可能也无必要承担起全部的社会治理责任。政府在按照"小政府，大社会"的方向进行调整和转移中，应该做"能够做的"和"做得好的"，放手政府"不该做的"或"做不好的"，这是现代政府的转型之道。由于生态治理的复杂性、综合性、全面性，政府在治理过程中常常出现失灵的状况，这些失灵问题除了自身体制、机制、法制等方面的原因之外，很多都是由政府管得过宽、过多造成的。例如，导致政府失灵的一个重要原因是由于生态环境信息的不足。对于政府而言，难以掌握大量企业等社会污染源的信息状况，但是如果让分布广、数量多、与当地生态密切相关的公众和相关组织参与污染信息的报送和环境质量的监控，并建立起通畅的信息渠道，政府就可以及时掌握大量的生态环境信息，甚至政府无须大量投入即可得到专业生态环境数据和报告。造成政府失灵的另一个重要原因是政府的有限理性。在单一政府主体进行生态治理的条件下，政府行政不一定必然以公共生态利益为追求，可能由于政绩评定标准的经济导向，或者从部门利益出发，甚至权力寻租的驱使等因素使生态治理的决策、执行等行为出现偏差。但是在多元主体参与的情况下，政府受到生态权利人的监督和制约，这种生态治理的偏差就可以得到及时纠正。当生态治理的参与公众越广泛、渠道越畅通时，政府的压力越大，生态治理的意愿越足，治理偏差消失得就越彻底。政府让渡出一部分公共生态治理权力给公众和非政府组织，不仅不会削弱政府的权威，反而可以提高政府的执政效能，这将为政府的生态转型提供良好的动力与契机。

二、企业的生态责任

1. 企业的生态责任

企业是自主经营、自负盈亏、独立核算的具有法人资格的社会经济组织。企业是运用土地、劳动力、资本和技术等各种生产要素，向市场提供商品或服务的经济组织，并以此换取收入。企业经营的目的是为了盈利，它的主要责任就是追求利润的最大化。但追求利润并非企业的唯一责任，它还受到法律、公众舆论和道德的制约，还负有超越经济以外的社会责任。这已经成为现代企业理论的一个共识。《商业伦理》的作者 P. 普法利认为，在最低水平上，企业必须承担三种责任：一是对消费者的关心，二是对环境的关心，三是对最低工作条件的关心。生态责任或环境责任作为企业社会责任的一个重要组成部分，是企业必须承担的责任。

企业之所以需要承担生态责任，是因为企业既是生态环境的破坏者，也是良好生态的营造者。一方面，企业在提供各种产品和服务中，消耗了大量的自然资源，造成了污染物的排放，特别是一些冶金、化工、煤炭、造纸、印染等行业企业，会产生十分严重的污染。另一方面，如果企业能够承担相应的生态责任，采用清洁生产、循环生产、绿色生产的方式，有效控制污染物的排放，则可以为营造良好的生态环境做出积极的贡献。但是，企业进行生态环境治理需要花费大量的成本，费用的抬高将降低企业的市场竞争力。因此，企业的生态责任很难得到自觉的贯彻执行。这就需要政府加强对企业的调动和监管，让企业按照生态法制和规范进行生产经营活动，承担起相应的生态责任。

生态型政府积极敦促企业履行生态责任。政府需要维护公众的生态利益，必然要求企业进行生态治理；而企业为了实现利益的最大化，更多追求现实利益和眼前利益，生态治理意味着成本的投入、利益的损失，因而企业从自利的角度出发就必然会导致生态的破坏和污染。因此，政府作为生态监管的一方，企业作为被监管的一方，两者策略的选择就存在"囚徒困境"的博弈关系。按照囚徒困境的假设，政府可以选择管理和不管理，企业可以选择治理与不治理，各自两种不同的策略。假定双方信息是完全对称的，政府可以完全掌握企业的污染排放数量、程度、范围以及污染的治理的能力和水平，而企业也确信政府有完全的监测能力和处罚或奖励手段。这时候，企业将开动自己全部的能力来降低资源消耗，减少污染排放，并进行充分的治理，实现生态效果最佳；同时，政府则无须花费成本进行监控，治理成本最低。两者形成了均衡状态，企业和政府实现了双赢，企业的生态治理动能得到充分调动，获得了政府奖励，赢得了社会声誉；政府降低了治理成本，实现了维护社会公共利益的目标。但是这种均衡只是理论上的最佳效果，由于信息的不对称，政府出于监测成本的考虑，无法对遍布各行各业，全国各地的企业进行全面而不间断的生态环境监测和检查，企业认为污染被发现的概率很小，因此选择隐瞒自己的污染状况。即便被发现，如果政府的处罚措施与获利相比并不匹配，企业可以权衡生态治理的必要性，如罚金的数额高于污染的收益则进行治理，反之则宁可污染也不治理。因此，政府监管与企业污染的博弈就变成需要综合考虑多种因素的混合策略均衡，其主要的考量因素是规制的成本与收益及污染的成本与收益。也就是说，企业污染的收益越高，政府规制的成本越大，企业污染的概率就越大；企业污染的成本越高，政府规制的收益越大，企业污染的概率就越小。政府作为公共管理部门，其行为需要有法律法规和制度上的规定以及相应的告知，信息是公开透明的；而企业的生产、经营、治理状况则是内部信息，如有隐瞒或作假是不易被发现的。政府在明，企业在暗，造成博弈双方的信息不对称，增加违法概率的同时提高了执法难度。

2. 企业生态责任的现状

我国工业企业能耗量大，排污量大，对生态环境造成巨大压力。2020年，我国工业企业能源消耗总量达到 32.25 亿吨标准煤，占消费总量的 66.16%。其中，煤炭消费约占能源消费总量的 70%，以天然气、水电、核电为代表的清洁能源消费比重约为 25%。工业企业大量使用化石燃料，形成了大量污染源。根据《第二次全国污染源普查公报》显示，2017 年底，不包括移动源在内，全国各类污染源数量为 358.32 万个，化学需氧量、氮氧化物、颗粒物和挥发性有机物的排放量都超过了千万吨，对大气和水环境的质量造成严重影响。企业是造成生态环境压力的主要施加方，生态环境的改善需要企业主动担负起应付的生态责任，但企业生态意识还较为薄弱，缺乏参与生态治理的主动性和从生态保护中获益的长期驱动力。一些地方中小企业特别是加工制造企业，为了获得市场销路，将主要的盈利点放在对自然资源的掠夺性利用上，而造成的环境污染没有计入商品成本。例如，广东新塘是世界最大的牛仔裤生产基地，它每年生产超过 2.6 亿条牛仔裤，相当于中国牛仔裤总产量的 60%，以及每年在美国销售的牛仔裤的 40%。每条牛仔裤出口价格仅为 4.3 欧元，但生产 1 条牛仔裤却要耗费 3480 升水。自然环境的付出代价远没有计算在商品价值之中，而是由生产的地区和社会承担。还有的企业缺少生态发展规划，废水、废气、废渣任意排放，造成各种污染物在区域内循环，造成大面积面源污染，最终企业自身的生产原料和环境也受到破坏，企业经营难以为继。

3. 强化企业生态责任的建设路径

企业的生态责任是企业内在生态意识的增强和外在约束力量的施加共同作用的结果。加强企业的生态责任，需要做到以下几点：

首先，促进企业自身的生态责任的强化与履行。企业作为生态治理的主体，需要具有正确的生态价值观。企业作为营利性的经济组织，追求利润的最大化是其天然属性，但是不能将经济利益和生态利益看作非此即彼的二元对立关系，从长远来看两者是统一的、辩证的关系。一方面生态环境是企业生产资源的提供者，绿色就是生产力，破坏生态环境就是破坏生产力、破坏资源。生态环境的污染最后也会葬送企业本身。另一方面企业进行绿色生产、提供生态服务，营造优良的生态环境是企业引领市场方向，占据市场优势，保持"基业长青"的需要。生态领域是企业未来发展的重要方向，也是提升企业核心竞争力的重要基点。在生态化的生产经营模式下，企业可以实现经济效益和社会效益的双赢。为此，企业应按照生态发展方向进行绿色生产经营活动，如开发绿色产品、实施绿色营销、开展清洁生产、参与绿色认证、发展循环经济等。

其次，加强政府对企业生态责任的监管和激励。企业的生态责任并不是靠企业自身的觉悟和自律就能做到，还需要外部力量的监督和推动。政府是避免市场失灵，调节、干预、激励企业承担生态责任的主要力量，对企业有强大的制约能力。政府提高对企业生态监管的效力可以在三方面进行改进：一是畅通信息渠道。政府要健全企业的生态信息披露机制，用法律手段保证企业污染排放信息的充分公开，削减企业政府生态信息的不对称状况，为生态环境的决策提供可靠数据，降低政府生态执法成本。二是加大处罚力度。现行法律对于环境违法行为的处罚力度还比较低，不能有效制止违法行为。例如，《大气污染防治法》第一百零二条规定，煤矿未按照规定建设配套煤炭洗选设施的，由县级以上人民政府能源主管部门责令改正，处10万元以上100万元以下的罚款，但煤矿企业仅购买设备就需要数百万元，罚款数额低于成本投入，个别企业守法动力不足。只有提高违法成本，才能驱动企业进行污染防治。三是强化生态激励。政府要对企业的生态行为给予奖励和资助，帮助企业完成生态转型和绿色转型。例如环境保护退税制度，对生态企业给予免税或退税待遇；设立环保技术创新基金，加大对企业环保技术研发和创新的支持力度；实行绿色担保制度，对生态企业的贷款给予政府担保；等等。

最后，实现民众对企业生态责任的监督和参与。公众是生态环境的利益攸关方，生态环境的改变对于民众的切身权益有着最直接的影响，民众也对生态环境的变化最为敏感。一旦企业造成了生态环境的破坏和污染，民众将会有迅速的反应和强烈的要求。因此，民众是监督企业污染状况的最佳主体。同时民众为了维护自身的生态权益将会追究企业破坏生态环境的责任，提起法律诉讼、提出损害赔偿等。这就给企业的生态责任的履行施加了强大的舆论压力和法律制约，可以有效弥补政府监督的缺位。民众对企业生态责任的监督和参与还表现在绿色消费观念的形成和倡导上。现今，新型的绿色消费理念已经在社会上悄然兴起，绿色消费不仅意味着优良、清洁、环保的产品可以满足民众的健康需求和品位追求，更意味着生态观念和环保意识已成为消费者的共识，消费者愿意花费更高的价格来购买绿色产品和生态服务。这种消费模式和消费理念有利于生态环保企业的发展和壮大，有利于鼓励企业加快生态产品的生产、研发和营销。通过消费者的绿色选择，让生态环保企业更具竞争力，让非环保企业感受到严峻的市场压力，从而加快实现由非生态企业到生态企业的转型。

三、非政府组织的生态治理

1. 生态非政府组织的界定

非政府组织（Non-Governmental Organizations，NGO）是指非国家、政府、政府间国际组织之外设立的各种非营利部门。按照莱斯特·萨拉蒙（2002）的观点，NGO 应该具有非政府性、组织性、非营利性、志愿性和自治性五个特征。生态非政府组织或环境非政府组织（Environment Non-Governmental Organizations，ENGO），是指以保护生态环境或特定环境因素或解决特定环境问题为目标的不以营利为目的，具有一定章程和组织结构，具有民主决策程序的民间社会团体，是非政府组织的一种。

生态非政府组织是公众参与生态建设和治理的有效组织形式。公众参与生态治理的形式，要么以个人的形式参与，要么以组织的形式参与，两者相较而言，组织参与更具力度和优势。这是因为：其一，ENGO 可以发挥更强的组织职能。通常来说，社团组织可以将分散的资源整合起来，集中加以利用，发挥单个人不能发挥的作用。在科学的组织构架下，可以发挥"1+1>2"的效用，实现整体功能的最大化。对于 ENGO 来说，就是用有限的资源，尽可能提供最佳的生态环境公共产品，为社会大众谋利。而现代公共社会的发展，越发依赖于社会组织和团体的力量。托克维尔在《论美国的民主》中写道："他们（公民）几乎不能单凭自己的力量去做一方事业，其中的任何人都不能强迫他人来帮助自己。因此，他们如不学会自动地互助，就将全都陷入无能为力的状态……人只有在互相作用下，才能使自己的情感和思想焕然一新，才能开阔自己的胸怀，才能发挥自己的才智。"社会团体使个人能量得到充分发挥，使个体的力量得到放大，个人在组织中发挥的作用远比个人单独发挥的作用要大。其二，ENGO 可以产生更大的社会效用。ENGO 除了非政府性、组织性、非营利性、志愿性和自治性的特点之外，还有一个重要的特点就是公益性。生态非政府组织是公众利益的集中和整合，代表公众利益，并以谋取和实现公众利益为目的。因而，ENGO 的意见往往代表了社会上绝大多数公众的意见，在意见的表达上，相比个人分散、单薄的生态利益诉求呼声，更不容易被忽视和压制，并能产生强大的舆论压力，促使政府予以重视和解决。其三，ENGO 可以给予更好的专业指导。生态文明建设是多门学科的综合，具有极强的科学性。ENGO 的参加者，集中了大量拥有专业技术优势的人才，他们在各自领域掌握着大量的生态环境保护及其治理的专业知识和信息。例如，美国环境保护协会的会员中有一半是科学家、律师、经济学家等专业人员。由于 ENGO 组织的专业性，可以对政府生态治理效果进行第三方评价，对各行各业的企业污染排放及导致的污染状况进行监督。这种涵盖各领域，能够进行综合决策、考察和监督的专业能力是单个个人难以具备的。

2. 生态非政府组织的作用

生态非政府组织的优势，使其在生态治理中可以发挥更大的作用，担负更多的职能。ENGO 的作用主要体现在以下几个方面：一是开展生态宣传和教育活动。ENGO 可以很好地担负起公众生态观念和环保意识的普及和教育公众。他们通过制作网站、出版书籍、散发宣传资料，举办公益讲座，组织生态培训等方式开展宣传活动。二是组织生态环境保护的专项活动。ENGO可以在专业细分的生态领域内开展有针对性的生态建设活动，如开展植树绿化、防治沙漠化、资源再利用、社区环境美化、保护生物多样性、关爱小动物等。活动灵活而丰富，可以吸引更多的公众参与生态建设的行列中，提高了生态治理的社会参与度。三是进行生态技术的科学研究。在 ENGO 中不乏由学会和研究会等科研机构组成的专业团体，聚集了一批学术专家和技术能手，有能力开展生态领域和环境科学方面的科学研究与技术创新，推动生态科学技术的发展。四是帮助弱势人群维护生态权益。当公民个体的生态权利受到侵犯时，个体维权的过程可能遇到资金、法律、环境专业知识、调查取证等诸多方面的制约。而 ENGO 的一些组织，可以向处于弱势的生态利益被侵害人提供法律援助、诉讼代理、协助调查、咨询指导等帮助，或者用团体的力量声援和支持个人权利的维护。五是有效开展社会监督。通常情况下，社会企业、个人、群体的生态侵害行为发生地点分散，行为隐蔽，生态破坏行为难以发现。而 ENGO 数量众多、分布广泛、专业性强、行动积极，可以很好地进行生态监督。同样，政府行为也可能同公众生态利益相冲突，EN-GO 可以监督政府的生态行为，要求政府予以修正。六是参与生态立法和决策。在一些国家，ENGO 可以通过游廊政治向立法机关进行游说，推动制定和通过生态环境保护的立法。在更多的国家 ENGO 作为公众生态利益的代表，同政府就生态问题进行协商和沟通，通过对政府施加影响，从而间接参与生态决策的过程。七是参与国际生态治理。当前，各个 ENGO 积极参与国际生态环境的有关活动，通过提供信息和政策建议或直接参与国际生态环境有关决策的制定来影响环境议程。同时，各国的 ENGO 可以通过相互交流，开展在技术、资金、信息、设备等方面的相互支持，通过学习、培训提高组织成员的专业能力，使 ENGO 更好地开展生态治理活动。

3. 我国生态非政府组织的现状

随着政治、经济、社会改革的不断深化，我国非政府组织得到了日益广阔的发展空间。各类 ENGO 不断发展壮大，已经成为我国生态文明建设的重要力量之一。我国的 ENGO 分为四类：一是由政府牵头成立的生态非政府组织。1978 年成立的中国环境科学学会作为官办的非政府组织，开启了生态非政府组织建立的先河。此后有中华环保基金会、中国自然资源协会、中国可持续发展研究会等官办的生态和环境非政府组织相继成立。二是由民众自发组织形成的生态非政府组织。我国第一个民间生态非政府组织是于 1991 年成立的辽宁盘锦黑嘴鸥保护协会。此后，从 1994 年开始，自然之友、北京地球村、绿色江河等生态民间组织纷纷成立，并日益发展成为有广泛社会影响的绿色民间团体。截至 2020 年，中国环保公益组织数量约为 7600 个。三是大学生环保社团。生态和环境保护已经成为大学生十分关注的话题，在各个大学校园里也有由大学生自己组织和管理的环保社团，如北京大学的绿色生命协会、清华大学绿色协会、北京林业大学的山诺会等。四是国际环保非政府组织在华设立的分支机构，如世界自然基金会、绿色和平组织、国际爱护动物基金会等国际组织都在我国设立了机构并开展有关的生态项目。

4. 生态非政府组织的建设路径

从我国 ENGO 组织的发展状况看，尽管取得了一定程度的发展，其地位得到一定程度的提升，作用的发挥也得到了一定的认可。但总体来说，我国ENGO 发展还受到多方面的限制，自身能力需要进一步提升，政府和社会需要给予 ENGO 组织更多的关注和扶持，帮助其更好地发挥生态治理和建设的作用。

第一，降低准入门槛，壮大组织力量。我国 ENGO 尽管经历过快速发展，但总体的数量和规模并不大。全国共有民政注册的生态环境类社会组织约7000家。根据2022年《中国环保公益组织现状调研报告》公布的情况，参与调研的500家环保公益组织，专职人员规模在10人以内的占总数的75%，在10人以上的仅为8%，其余没有专职人员。我国《社团登记管理条例》规定，成立社团在会员人数、名称、组织机构、住所、资产、经费等多重条件都有严格要求，准入门槛过高。壮大生态非政府的组织力量，需要从生态非政府组织的公益性出发，适当调低门槛限制，放宽准入条件，简化审批手续，尽可能发掘生态非政府组织的力量。

第二，改变双重管理，增强独立性。我国对生态非政府组织实行的双重管理体制，即登记管理机关和业务主管单位对其进行双重审核、双重监管。《社团登记管理条例》第九条规定，"申请成立社会社团，应当经其业务主管单位审查同意，由发起人向登记管理机关申请筹备"。生态非政府组织如果没有挂靠的行政主管部门，很难实现其合法化。这也是在我国ENGO中真正的民间社团比重偏低的主要原因之一。生态非政府组织作用的真正发挥，有赖于其在法律上、政治上、经济上的独立性，否则，它无法代表公众谋求生态公共利益，无法监督政府和市场的生态行为，无法公正地起到"第三方"的作用。为此，政府需要营造生态非政府组织的宽松环境，并加快实现政府和非政府组织的体制上的分开，让生态非政府组织能够更加独立和自由地发挥作用。

第三，加强支持力度，提高专业程度。我国的生态非政府组织面临两大难题：一是资金来源不足；二是专业化程度不高。2022年的《中国环保公益组织现状调研报告》显示，组织年收入在5万元以下的占38%，5万~50万元的占25%，50万~100万元的占29%，其主要收入来源是国内基金会资助和政府购买服务。资金和专业人员的匮乏是彼此密切相关的。由于经费和资金不足，本来有志于投身生态公益事业的专业人员，在生态非政府组织中无法开展专业研究和调查，甚至无法保障自身的生活，生态非政府组织也就无法留下专业人才。为此，政府和社会需要给予生态非政府组织更大的支持力度。具体而言，政府应允许生态非政府组织开展环境保护项目的实施，并给予一定的经费支持。在社会领域可以积极发挥社会捐赠的力量解决资金不足的问题。如果能够建立起公开透明、管理科学、宣传到位、具有公信力的生态公益捐款机制，将有效解决非政府组织的资金问题，组织的专业化程度也会得到相应提升。

四、公众的生态参与

1. 公众生态参与的界定

公众的概念有广义和狭义之分：广义的公众是指除自己以外所有的人；狭义的公众是指与自己有关系和相互交往的人群。公众作为一个集合性的概念，是包括个体公众、群体公众在内的。宽泛地说，公众是除组织以外，但却和组织有紧密关联的个体以及个体的集合。公众生态参与既要强调参与的非组织性，也要强调参与的广泛性。其中非组织性，并不是指单独的个体行为，也包括群体行为，这种群体行为不代表组织的观点和行动，而是由个体相似的观点产生的共同的、自发的行为。其广泛性是指，生态影响的对象是共同的、普遍的，只要是生活在同一处环境之中的人，都要受到生态失衡的影响，因此生态维护和治理的责任是受影响对象乃至人类共同的责任。

公众的生态参与不等同于公众的环境参与。公众的生态参与应该是公众积极参加与生态文明建设有关的行动和事项。这其中不仅仅包括一般性的环境保护，还涵盖生产过程、生活方式、消费行为的转变，对生态公平和生态正义的追求，对生态决策和生态治理的参与等。

2. 公众生态参与的功能

公众生态参与在生态文明建设中能够发挥独特的优势和作用。首先，公众生态参与可以实现绿色生活方式的树立和普及。生态失衡，公众既是受害人又是责任人，尤其是公众不合理的生活方式和消费方式成为生态恶化的推手。而对有悖于生态文明的生活方式和消费理念进行转变就需要社会每一成员的亲身参与。所谓绿色生活方式是指通过倡导使用绿色产品，参与绿色服务，树立绿色理念，让人们在充分享受绿色发展所带来的便利和舒适的同时，实现社会公众按自然、节俭、环保、健康的方式生活。绿色生活方式是实现社会生态文明的公共行为基础，它的提倡和普及需要每一名社会成员的身体力行和积极参与。其次，公众的生态参与有助于生态决策的科学化和民主化。政府在进行生态治理的过程中，单方面的独立决策很难照顾周全，特别是在政府作为一方利益主体的立场和谋求政绩的考虑下，制定的生态决策不一定符合公众生态利益最大化的需求。而民众作为政府生态决策的直接利益攸关方，参与生态决策过程，可以帮助和督促政府制定科学、合理的生态决策。最后，公众的生态参与有助于监督和制止生态环境的破坏。对于生态恶化情况进行治理，重要的一环是对破坏和污染状况进行监测，对破坏和污染行为主体进行监督。在三类行为主体中，由于公众的广泛性、分散性、利益攸关性等特点，公众可以最直接、最迅速、最积极地对污染主体进行监督，包括对政府、企业以及自身进行监督。公众的监督，可以有效地提高政府的效率，降低政府的治理成本，并通过社会舆论和检举举报增加政府、企业和公众污染排放的压力和代价，提高其治理污染的积极性和自觉性。

3. 我国公众生态参与的现状

公众的生态参与是人类环境权的自然赋予。环境权是指每一个人都享有在保证健康、有利身心、适度舒适的自然环境和人造环境下生存与生活的权利。环境权的保障需要一系列的权利作为支撑，如环境的使用权、占有权、知情权、参与权、索赔权等。国际社会已经将环境权当作人类的一项基本权利。1972 年，联合国通过的《人类环境宣言》指出，人类有权在一种能够过尊严和福利的生活环境中，享有自由、平等和充足的生活条件的基本权利，并且负有保护和改善这一代和将来的世世代代的环境庄严责任（万以诚和万峋，2003）。我国新修订的《环境保护法》赋予了公众保护环境权的权力："一切单位和个人都有保护环境的义务。"在第五章规定了信息公开和公众参与制度，依法明确了公民享有环境知情权、参与权和监督权。2018 年，国家生态环境部颁布了《环境影响评价公众参与办法》，对公众的环境权益给予了规范，使公众的生态参与权得到了明确的法律保障。同年，中央多部委联合发文，颁布了《公民生态环境行为规范》，强化公民生态环境意识，引导公民成为生态文明的践行者和美丽中国的建设者。

我国公众的环保意识得到不断强化。根据零点咨询集团公布的"中国公众环保指数"，调查对象中认为我国环保已经处于"紧迫"状态的达到 86.8%；如果经济增长和生态环境产生矛盾，有 70% 以上的公众中会优先选择保护生态环境。但是公众的环保行为没有明显的突破，中国公众环保指数得分为 69.5 分。[1] 此前，中国环境文化促进会公布的中国环保指数给出了相近的公众环保评价，有 76.4% 的公众认为我国当前的环境问题"非常严重"和"比较严重"。但是，公众环保意识得分为 44.5 分，环保行为得分为 37.0分，环保满意度得分为 45.1 分，三项指标均不及格。[2] 综合以上两份调查报告，发现公众对生态环境问题给予了高度的关注，但是公众的生态参与程度并不高，对促进生态文明建设的贡献有限。

4. 公众生态参与的建设路径

党的十九大报告指出，建设美丽中国，要"构建政府为主导、企业为主体、社会组织和公众共同参与的环境治理体系"。公众作为生态文明建设的主体之一，民众的内在认同和积极参与是改善生态环境的关键力量。

增强公众的生态素养。生态问题说到底是人的问题。人是生态环境危机的始作俑者，也是解决生态危机的实践主体（方世南，2005）。解决生态问题，不仅仅需要技术的创新和资金的投入，更重要的是提升公众的生态素养。

---

① 《2010 中国公众环保指数发布　公众环保行为无突破》，新浪网，http：//green. sina. com. cn/2010-10-12/144521259694. shtml，2010 年 10 月 12 ヨ。

② 《中国公众环保指数（2008）综述》，http：//wenku. baidu. com/view/68d3593383c4bb4cf7ecd17b. html。

生态素养包括生态环境的知识素养、伦理素养、情感素养、意志素养、行为素养等。公众生态素养的养成，需要提升公众的生态认知水平，让公众对生态问题有着更科学、更客观、更具体的认识。公众对生态知识和信息掌握得越多，生态责任感就会越强，生态权利意识就会越高，参与生态行动的意愿就越强烈。为此，要通过开展广泛而深入的宣传教育，通过经验教训和典型案例来启发和警醒民众。在实践中，可以充分利用各种传统节日和重要节点进行宣传教育，例如，在3月12日植树节、5月31日世界无烟日、6月5日世界环境日等开展广泛宣传，让人们对我国环境状况和污染形势形成基本认知，使其切身感受生态文明建设的重要性，在全社会营造一种"人人有责、人人尽责"的生态环境治理舆论氛围，并通过创新性的体验大力倡导各种有利于生态恢复和环境保护的社会公益活动。

提高公众生态行动力。公众生态素养的基本养成，就会唤醒公众生态主体意识；生态的主体意识和系统思维的确立，就能够有力带动公众的生态行为，摒弃日常生产生活中的点滴短视行为与浪费举动，让生态行动体现在各个场域中。在日常生活中，应当倡导简约舒适、绿色低碳的生活方式，尽量选择低碳出行、绿色消费，自觉做好垃圾分类。在社会交往中，自觉向家人、亲友传递生态文明理念，积极引导、带动周围人群主动参与绿色行动。在工作环境中，积极参与节约型单位建设，严格按照节能减排要求进行办公和生产。在社区生活中，积极参与基层生态环保实践，为地方生态环境决策、监督献计献力。当公众能够身体力行地自觉践行生态文明理念，"像保护眼睛一样保护生态环境，像对待生命一样对待生态环境"，将为美丽中国作出卓越贡献。

打造公众生态共治格局。2018年，《中共中央　国务院关于全面加强生态环境保护坚决打好污染防治攻坚战的意见》中强调构建"全民共治"的治理格局。在此格局中，公众的作用举足轻重，既关系党委领导与政府负责的落地，也在很大程度上影响着市场与社会组织力量协同作用的发挥。实现

"全民共治"首先要充分保障公众的环境知情权。环境知情权是公众参与环境公共事务的前提，也是公众承担环境治理责任的保障。我国《环境保护法》赋予了公民的环境知情权，要求各级政府、环保部门公开环境信息，及时发布环境违法企业名单。生态环境行政管理主体应完善环境信息公开、环境公益诉讼等方面涉及公众参与权利的规定，不断增强制度规定的实操性、程序性。其次，生态共治需要建立一整套公众有序参与生态环境治理的运行保障机制。要给予公众生态参与法律上、制度上的充分保障，真正赋予公众的生态决策参与权、建议权和诉讼权，让公众的"事后参与"、"末端参与"变成"全程参与"和"核心参与"，充分发挥公众生态参与的力量。最后，强化公众监督的保障机制。健全生态环境治理激励机制，完善公众监督、举报反馈机制，保护举报人的合法权益，鼓励设立有奖举报基金等，激发公众参与的内生动力。同时，加强政府与公众的互动，建立平等对话机制，并贯穿于生态环境治理的全过程。

第二节　引导治理下的经济手段运用

一、政府生态经济手段的选择与运用

1. 政府生态经济手段的含义

政府掌握着至高的公共权力和丰富的公共资源，为达到生态文明建设目标，可以采取多种手段进行治理。按照政府管理对象的约束强度，可以分为命令控制型手段、经济手段和自愿手段；按照政府的管理领域，可以分为利用市场、创建市场、实施环境法规、鼓励公众参与四类手段；按照政府生态治理类型，可以分为行政手段、法律手段、经济手段、技术手段、信息手段

等。各种手段发挥的作用不同，产生的效果不一，政府运用的水平也高低有别。政府进行有效的生态治理，需要根据不同的政治、经济、社会状况和条件，对不同的手段进行选择和组合，以发挥最大的治理效力。

现代政府在各种生态治理手段的选择上，经济手段是最为常用的一类。所谓政府生态治理的经济手段是指为了达到生态良好和经济社会发展相互协调的效果，利用生态规律和经济规律，运用价格、税收、信贷、投资、成本和利润等经济杠杆，影响和调节有关当事人经济活动的经济措施（董小林，2011）。与政府传统的行政和法律等强制性的外部约束手段不同，经济手段属于经济激励型的内部约束手段。经济手段将外部控制转化为内部激励，在协调生态建设和经济发展、减少生态治理阻力、降低治理成本等方面都具有强制性手段不可比拟的优势。因此，当前世界各国对生态治理手段的选择上已经愈发重视经济手段的运用，并利用信息手段、自愿手段等多种手段与经济手段相结合，进行生态的综合规划和治理。我国政府在生态治理中也逐步认识到经济手段的重要作用，并不断加强经济手段运用的广度与深度。1992年，《中国环境与发展十大对策》提出要"运用经济手段保护环境"。1994年，国务院讨论通过的《中国 21 世纪议程》中提出，要"有效利用经济手段和市场机制"促进可持续发展。2012 年，国家颁布的《环境保护"十二五"规划》指出要通过"完善环境经济政策"推进环境保护工作。2019 年，生态环境部在新闻发布会上表示，生态环境治理行政手段会逐渐弱化，经济手段会更加增强。采用经济手段进行生态治理，是政府生态建设的基本方向，并被摆到日益重要的地位上来。

2. 生态经济手段的效用

经济手段是在充分考虑自然环境资源价值的基础上，采用征收税费、押金、拨款和创造市场等方法，将自然资源开发的外部不经济性内化到开发活动中，通过市场和价格机制促使企业节约资源、保护环境。经济手段的主要效用有如下体现：

其一，经济手段是解决生态经济问题的高效手段。与行政手段相比，生态环境治理的经济手段更具效率，能直击要害。从经济学的视角来看，生态问题的产生主要是由生态环境的外部性造成的。无论是正向外部性即外部经济性，还是负外部性即外部非经济性都会给生态治理造成阻碍。公众和企业作为理性的自利主体，在正向外部性条件下，开展的生态保护和环境治理活动得不到有效补偿，私人边际成本大于社会边际成本，在私人无利可图的状况下，很难形成个体和企业生态治理和保护的长效机制。同样，在负向外部性条件下，公众和企业的污染行为造成的损失不需要弥补，私人的边际成本小于社会边际成本，结果是实现了私人的最优而非社会的最优，个人和企业会为追求私利而损害社会的公共利益。解决生态环境问题，就是要消除这种外部性，使个体利益和公共生态利益都不受损失，实现两者的平衡和互利。作为一种经济现象的外部性问题，最高效的解决办法还是用经济的手段加以调节。

其二，经济手段可以兼顾生态的治理和经济高质量发展。生态治理是推动经济高质量发展的重要手段，高质量发展是建立在生态环保不断强化的基础上，又反过来促进生态环保管理质量的提升，二者是良性互动、循环推进的辩证关系。高质量发展的成效和结果在许多方面都与生态治理密不可分，都会体现为生态文明建设的进步。深化供给侧结构性改革、实施乡村振兴战略、区域协调发展战略等高质量发展重点任务取得实效，将极大缓解生态环保的压力，最终将直接反映到环境质量改善、资源利用效率提高等方面。反之，这些任务如果面临一定的困难和挑战，其问题也将体现在生态环保中。实践表明，不管是经济发展还是改善民生的一些重要工作，如果一开始就充分融合生态环保的治理要求，不仅避免了"先污染，后治理"，减少了返工成本，而且能为很长一段时间内经济的持续发展打下基础（杨姝影和文秋霞，2018）。

其三，经济手段可以降低生态治理的成本。采用经济手段进行治理，是以市场为基础，直接或间接地向治理对象传递市场信号，通过对其经济利益的影响和作用，消除不利于生态的行为。也就是说，经济手段是间接作用在调控对象身上的，通过市场规则的改变促使调控对象自主地采取应对举措。因此，经济手段不需要像行政、法律手段那样对行为主体的行为全过程进行监督。在免除微观管理的条件下，可以节省大量治理成本。政府采用经济手段进行生态治理可以用较低的费用获得不亚于甚至优于通过采取行政管理手段所取得的效果。

其四，实现生态治理的动态效果。运用经济手段进行生态治理，并不是像强制性手段那样毫无弹性地一律而为，去改变生态主体的行为，而是给予行为主体一定的选择空间和决策权限，让行为主体可以根据自身的能力、条件和水平来选择自己的生态行为方式，以实现自身利益的最大化。这样一来，就使政府的生态治理更富弹性，能够适应不同类型的行为主体。允许行为主体在维护生态环境的条件下追求经济利益的最大化，不仅减少了生态治理的阻力，而且可以激励生态主体开展生态创新，更新生态技术，用更少的生态成本来换得更大的经济效益。

3. 我国政府生态经济手段的选择与运用

随着我国对生态文明建设的要求和呼声越来越高，生态的治理与保护的手段要能够跟上形势发展的需要和生态社会建设的步伐。我国政府在生态治理上，正处于从主要依靠行政手段向综合运用多种手段解决生态问题转变，经济手段采用的比重和力度的发挥需要得到进一步的增强。我国生态治理的经济手段不断完善，绿色财政与补贴制度、环境权益交易政策、资源环境价格机制等已经逐步确立，但在环境保护税制改革、绿色金融市场体系建设等方面还需要进一步充实和改进。

环境保护税的征收。环境税也称为生态税、绿色税，是 20 世纪末才兴起的税收概念。它是指向开发、保护与使用生态环境资源的单位和个人，根据其对生态环境资源的开发利用、污染、破坏程度，征收的税种。环境税主要包括独立型环境税，即专项征收的环境税；融入型环境税，即与生态环境相关的资源、能源税种和税收优惠，以及消除不利于环境保护的补贴政策和收费政策三种（董小林，2011）。通过征收环境税可以把生态破坏和环境污染的社会成本内化到单位和个人的生产成本和市场价格中去，进而通过市场机制来分配生态环境资源的一种经济手段。在环境税的作用下，在生产、消费过程中能够导致环境污染的产品价格抬高，消费者的消费需求减少，生产者的利润下降，从而激励生产者和消费者做出有利于生态环境保护的改变。西方发达国家普遍征收环境税，有的已经达到数百种之多，如二氧化硫税、水污染税、噪声税、固体废物税和垃圾税等。在比利时、丹麦、芬兰、瑞典等国，对电池、剃须刀、一次性照相机、轮胎等一次性产品，对不可降解的塑料袋、饮料容器等都要征收环境税（范俊玉，2011）。我国首个具有环境税性质的税收是 1979 年开始排污收费试点，但实际执行中存在着执法刚性不足等问题。党的十八届三中、四中全会提出："推动环境保护费改税"、"用严格的法律制度保护生态环境"。2018 年环境保护费改税后，排污单位不再缴纳排污费，改为缴纳环境保护税。开征环境保护税，主要目的不是取得财政收入，而是使排污单位承担必要的污染治理与环境损害修复成本，并通过"多排多缴、少排少缴、不排不缴"的税制设计，发挥税收杠杆的绿色调节作用，引导排污单位提升环保意识，加大治理力度，加快转型升级，减少污染物排放。但由于我国的环境保护税由排污费转换而来，还存在征收种类单一、征收范围较窄、征收项目未能涵盖生态文明建设更多领域和项目，征收措施也不够具体等问题，需要进一步丰富和完善。

绿色金融市场的建立。绿色金融市场是指政府在资本市场的运营中对生态企业给予优先保障和支持，对污染企业的资本运作进行控制，从而促使企业进行生态转型。绿色金融市场的建立需要实行绿色信贷和绿色证券政策。绿色信贷是指根据生态建设的需要，对不同的信贷对象采取不同的信贷政策。具体而言，对环保企业和生态项目，通过简化贷款手续，提供优惠利率等政策给予支持；对污染项目则要综合考虑经济社会环境状况给予限制的信贷支持；对于淘汰项目则要停止授信，并采取措施积极收回贷款。绿色证券市值在融资渠道上，对环保不达标或环境影响风险大的企业，其上市融资和上市后的再融资给予严格限制，而为环保企业的上市融资提供便利和保障。此外，绿色债券、绿色股票指数及相关产品、绿色发展基金、绿色保险、碳金融等金融工具也是构建绿色金融体系的重要补充。2016 年 8 月，中国人民银行、财政部、国家发展改革委、环境保护部、银监会、证监会以及保监会联合印发《关于构建绿色金融体系的指导意见》，对绿色信贷、证券市场绿色投资、绿色发展基金、绿色保险、环境权益交易市场等重点领域提出了相关举措，成为中国大力推动绿色金融发展的标志性文件。通过绿色金融市场引导社会资金流向绿色、环保的产业，加快了我国经济向绿色化转型，促进了环保、新能源、节能等领域的技术进步。但由于绿色金融配套措施还不完善，金融的高风险性及监管难度，绿色上市企业的融资能力不足、市场回报不高等问题，我国绿色金融市场还处于初步发展阶段，需要持续注入动力，增强市场信心。

二、生态补偿机制的完善

1. 生态补偿的含义

生态补偿是利用经济手段对各生态主体进行利益调节的一种机制或制度安排。它有两方面的含义：一是对生态系统和自然资源进行治理和保护所获得的收益和奖励；二是对破坏生态系统和自然资源所造成损失的赔偿或收费。生态补偿的实质就是根据生态利用、保护和建设中产生的直接成本、机会成本、发展成本，综合运用政府和市场手段，通过对具有正外部性的行为进行补偿、对具有负外部性的行为实施收费的方式，实现生态环境外部性的内部转化（龚高健，2011）。

生态补偿机制的建立需要明确补偿的主体和受偿的主体。就补偿主体而言，按照"谁受益、谁补偿"的环境保护原则，补偿主体应该是生态环境和自然资源的受益方。国家、企业、组织和个人都可能是生态补偿的主体。但受到实际经济能力的限制，并不是所有的受益主体都能够承担起生态补偿的责任。例如，对于经济落后但生态良好地区，可能无法承担生态补偿的费用。对于个人而言，生态获益是得到生活舒适和身体健康的利益，这种非直接的物质利益，无法用经济利益来衡量。同时个人的生态受益还包括后代人的利益，也不具备征收生态补偿费用的条件。国家作为生态环境的提供者保护者，是良好的生态环境受益方，同时作为国民集体利益的代表，体现的是长远利益、代际利益和整体利益，是生态补偿费用的主要支付主体。就受偿主体而言，生态受损方是获得生态补偿的主要主体。国家，受损的企业、组织和个人，都应当从获益方那里获得生态补偿。生态权益受损主要有三种情况：一是在进行生态治理和建设中投入成本大于获得收益；二是因生态治理或生态破坏而丧失的机会成本和代价；三是由于生态破坏直接或间接遭受到利益损失。

生态补偿是一个复杂度高、涉及面广、操作难度大的生态环境激励方式，它不是某一种经济手段，而是多种经济手段的综合运用，需要发挥政府和市场两方面的作用。其中政府是主导力量，在制定生态补偿政策、提供补偿资金、加强对生态补偿政策实行监督管理等方面发挥着主导性作用。

2. 我国生态补偿机制运行状况

我国从 20 世纪 80 年代开始实施生态补偿的相关实践。此后，我国不断拓展生态补偿的试点范围，探索新的生态补偿措施和途径。2011 年我国颁布的《国民经济和社会发展第十二个五年规划》提出，要"按照谁开发谁保护、谁受益谁补偿的原则，加快建立生态补偿机制"。2016 年，国务院办公厅印发《关于健全生态保护补偿机制的意见》；党的十八大也提出，要"建立反映市场供求和资源稀缺程度、体现生态价值和代际补偿的资源有偿使用制度和生态补偿制度"。2021 年，中共中央办公厅、国务院办公厅印发《关于深化生态保护补偿制度改革的意见》。目前，我国实行的生态补偿政策主要有以下几种方式：

国家财政补偿。国家财政补偿是指国家运用财政政策，动用财政资金，对社会组织和个人的生态损失进行补偿。国家财政补偿有三种方式：一是财政转移支付制度，即将国家财政资金作为生态补偿资金来源，通过转移支付的方式对生态项目进行补贴与资助。政府转移支付的数额和范围取决于政府的财力水平和资金投放取向。统计显示，2016～2020年，中央财政安排重点生态功能区转移支付资金3524亿元，用于引导地方政府加强生态环境保护，提高生态功能重要地区基本公共服务保障能力。二是提供专项基金，即由国土、林业、水利、农业、环保等部门设立的专项资金，对有利于生态保护和建设的行为进行资金补贴和经济扶持。如农村新能源建设资助、生态公益林补偿、水土保持补贴、森林生态效益补偿基金等。三是中央生态环境保护投资。政府作为主要投资方，2004年首次设立中央环境保护专项资金，2008年、2010年、2011年相继设立中央农村环境保护专项资金、重金属污染防治专项资金、湖泊生态环境保护专项资金等用于环境保护投资，同时引导和撬动大量的社会资本参与到各地生态环境保护工作中去。2010～2020年，环境污染治理投资总额从6654.2亿元增加到10638.9亿元。

国家重大生态工程建设项目。政府通过开展重大生态建设项目工程，对项目区域的生态环境进行建设和改造，其中涉及地方政府和民众的资金、物资和技术的补偿与支持，由国家财政基金和国债资金进行偿付。2022年国家公布了《全国重要生态系统保护和修复重大工程总体规划》，2021～2035年部署了9项重大工程47项重点任务，基本涵盖了全国25个重点生态功能区，以及京津冀、黄河下游、贺兰山、河西走廊、洞庭湖、鄱阳湖及海岸带等重点治理区域，9大工程总的投资将超过3万亿元。

生态资源补偿费征收。生态资源补偿费征收是指在矿产开发、土地开发、旅游开发、自然资源开发、药用植物开发和电力开发等事项中对生态环境造成直接影响的组织和个人征收一定费用的政策。环境保护行政主管部门是费用的征收主体，所征缴的费用作为生态补偿款项纳入生态环境整治基金，主要用于生态环境的保护、治理与恢复。例如，国家地矿及财政部门依据《矿产资源补偿费征收管理规定》，向采矿人征收矿产资源补偿费，用以维护国家对矿产资源的财产权益，并促进矿产资源的勘查、合理开发和保护。

市场交易模式。这是指在资源使用的配置上，通过市场交换将剩余的自然资源转化为经济价值，进而优化资源配置，提高资源利用效率。例如，在水资源的使用上，浙江东阳市将横锦水库水资源的永久使用权通过交易转让给下游的义乌市，使富裕而缺水的义乌市的水资源充盈，而让经济相对落后而淡水资源较充足的东阳市获得了可观的经济效益。在宁夏回族自治区、内蒙古自治区等地也有类似的水资源交易的案例，上游农田灌溉区通过节水改造，将多余的水卖给下游水电站（董小林，2011），实现了经济和生态的双赢。

3. 我国生态补偿机制的改进路径

生态保护补偿机制作为生态文明体系的重要组成部分，是落实生态保护权责、调动各方参与生态保护积极性、推进生态文明建设的重要手段。但是由于生态补偿的内容十分庞杂，自然资源的定价和环境损害价值界定复杂，平衡各生态利益攸关方的难度大，生态补偿机制的完善还有很长的路要走。

首先，推进生态补偿立法。我国生态补偿机制主要依靠政策引导，缺乏法律规制。2016年，国务院办公厅印发《关于健全生态保护补偿机制的意见》；2021年，中共中央办公厅、国务院办公厅印发《关于深化生态保护补偿制度改革的意见》。《环境保护法》对生态补偿作出了原则性规定："国家建立、健全生态保护补偿制度。"自2010年起，国务院就将研究制定《生态补偿条例》列入立法计划，后又调整为《生态保护补偿条例》，但截至目前尚未出台。制定《生态保护补偿条例》可以有效破解生态补偿领域难点堵点，明确生态补偿的领域和覆盖范围，形成补偿政策在跨领域、跨区域、跨流域的协调一致，明确各相关利益主体的责任、权利、义务和保障措施，健全长效补偿机制，提升基本公共服务保障水平，促进区域协调发展。

其次，完善横向生态补偿机制。以政策为导向的生态补偿，主要体现为纵向生态补偿，即上级政府对下级政府的补偿或政府对企业的补偿，补偿的手段主要是资金补偿。纵向补偿的短板在于，政府统管下的补偿模式较为固定，补偿资金有限，被补偿项目的非资金需求难以满足。解决这些问题，应积极建立和完善不同地区政府之间以及企业间的横向生态补偿机制。横向生态补偿机制可以充分利用各方力量参与到生态市场中来，既可以通过直接资金补偿的方式，让被补偿地富集的生态资源得到充分利用，通过平等市场主体的身份获得价值收益的最大化；也可以通过间接经济补偿的方式，以股权补偿、产业补偿、园区共建的方式实现生态补偿。横向生态补偿还可以满足被补偿方非资金、资本以外的需求，如开展绿色技术研发、绿色新兴产业孵化、专业人才支援、提供就业机会和技术培训等竞争力补偿。提升被补偿地的竞争力，是增强生态造血能力、生态发展能力、生态创新能力的关键。只有在有力的纵向补偿和灵活的横向补偿的共同作用下，被补偿地才能实现由落后的生态富集向先进的生态再造的转换，才能以生态方式实现长久发展、脱贫创富。

最后，健全生态补偿交易市场。市场对于生态资源的优化配置具有先天优势，可以让"谁受益、谁补偿"的原则落地。我国生态资源的市场配置能力还不健全，没有专门的生态资源使用权交易市场，取而代之的是公共资源交易平台。但生态资源使用权交易有其自身的特点，专业性也较强，用公共资源交易平台难以完全兼顾。按照国家发展改革委等九部委于 2018 年下发的《建立市场化、多元化生态保护补偿机制行动计划》的要求，应该不断完善市场交易型的生态补偿方式，探索建立用水权、用地权、林草权、矿业权、海域海岛权等生态资源使用权的市场交易机制。对于生态资源使用权的交易可以根据生态资源的特点实行差异化管理。按照"开放、竞争、有序"的原则，在规范和整合的基础上，形成集中、统一的交易网点，逐步形成全国性或区域性网络。同时，在专门交易的基础上提升交易的丰富性和专业度，从生态资源使用权的初级交易拓展为次级交易和衍生交易，推进生态资源使用权的多层、多级交易，让生态价值发挥更大的市场价值，补足生态补偿资金不足的短板。

三、循环经济的推进

1. 循环经济的含义

循环经济是借鉴生态系统运行的原理，在经济运行中实现物质循环和能量回环流动的经济模式。它遵循生态学的基本规律，充分利用自然资源，全面考虑环境容量，在物质不断循环利用的基础上实现经济的发展，使社会经济活动能够有机融入到自然生态的系统中去，实现经济活动的生态化。因此，循环经济也被称为物质闭环流动型经济。它以物质、能量梯次和闭路循环使用为特征，把清洁生产、资源综合利用、生态设计和可持续消费等融为一体，运用生态学规律来指导人类社会的经济活动（张文平等，2005）。

循环经济是生态经济的重要体现，是生态经济得以实现的基本形式。循环经济为了实现能量转化和物质循环流动，参照生态系统的方法、原则和目标，来构筑经济上的生态体系，实现一种新形态的、能够持续发展的经济运行方式。作为一种生态化的经济模式，循环经济是对传统经济模式的改进和超越，这主要体现在它能够实现物质的充分利用和环形的经济运作。传统的经济运行方式是一种单向线性流动的经济，其主要特征是"高开采、低利用、高排放"。人们无节制、高强度地将自然资源和能源提炼和开采出来，当作一次性物质使用，并在生产、流通、消费的过程中予以消耗和废弃。这一过程是"资源—产品—废弃物"的单向流动过程，其结果是自然界资源越来越少，废弃物、污染物越来越多。在循环经济模式下，则是要实现一种闭合流程——对自然资源的开采是有节制、减量化的，将资源投入生产、流通、消费过程则是节约化、复用化的，而其产生的废弃物、污染物则在回收和净化之后或重新投入生产、流通和消费，或以无污染的状态返回自然。因此，循环经济具有"低开采、高利用、低排放"的特征，从而改变了传统经济条件下以损害自然生态为代价的粗放型增长模式，建立起不加重生态负担并促进生态改善的集约型增长模式。

循环经济运行的基本原则是 3R 原则，即减量化（Reduce）、再利用（Reuse）和资源化（Recycle）。减量化原则是指减少进入到生产（消费）领域的物质数量和能源流量，从而从源头上控制自然资源过度消耗和污染物的过度排放。也就是说，减量化是从输入端进行生态保护和治理，而不在污染物产生后的输出端进行治理。减量化的实现，在生产领域需要通过提高技术、改进工艺来提高原材料的利用率，减少资源浪费。在消费领域，则要通过转变消费观念，购买包装精简、能够循环使用的物品来减少垃圾的产生。再利用原是指在产品使用的过程中，尽可能多次使用、长期使用和多种方式使用，延长从产品到垃圾的时间。再利用是通过持久性和集约化来实现资源节约和生态保护的。所谓持久性是通过延长产品的使用寿命来减缓资源的流动速度，进而降低资源消耗和废物产出。集约化是指生产厂商在生产中按照标准尺寸进行设计制造，在零件、工具、配件上实现行业通用，节约产品拆装、维修、复用成本。资源化原则，是指将生产、流通、消费、使用过程结束后出现的废弃物进行处理，变废物为资源重新投入生产，进而减少废物和污染物的排放。资源化可以通过原级资源化和次级资源化两种手段实现。原级资源化是指将废弃物处理后变为与原来相同的产品；次级资源化是指将废物处理后，变为与原来不同的产品。无论是否与原产品相同，资源化都是对完成形态的产品进行处理，使之重新作为资源进入生产和消费的循环。

2. 循环经济的实现形式

循环经济作为一种经济运行机制，需要一切市场手段都以减量化、再利用、资源化为原则建立起闭环经济。按照循环经济的作用范围，有以下三种不同的运作形式：

一是企业内部的循环经济。单个企业作为市场运行主体，其自身层面上的内部循环是构成循环经济的微观基础。单个企业实现循环经济主要依靠企业的清洁生产。清洁生产是指企业通过采用环保技术，将单位产品的资源消耗和污染物排放水平限定在标准许可的范围之内。清洁生产包括企业的生产过程和产品、服务的提供过程。在生产过程中，要求节约原材料和能源，淘汰有毒物质，削减废物的数量，降低对环境的恶性影响。在产品和服务的提供上，要求实现产品的无害化和服务的生态化，在产品和服务的设计中充分考虑生态因素。

二是企业间的循环经济。企业间的经济循环是循环经济的中观层次，它主要靠建设企业生态园区得以实现。所谓企业生态园区是指按照生态产业链的层次关系，将一系列彼此相互关联的企业集中到一起，实现企业间的物质交换、循环利用和清洁生产。一个理想的企业生态园区，实际上就是靠人的创造力形成的一个人工复合生态系统。在这个系统中，一家企业产生的废弃物可以成为另一家企业的原料，整个园区的企业生产在互相利用和支持下，形成园区内的再生资源和原料循环，大大降低对外排放量。企业生态园区已经在世界上有成功的案例，典型的是丹麦的卡伦堡生态工业园。它以发电、制药厂、水泥厂和石膏板厂等企业构成园区核心，电厂给制药厂提供高温蒸汽，给居民供热、给大棚供应中低温循环热水种植蔬菜，余热流到水池中用来养鱼。同时，电厂的粉煤灰用于生产水泥和筑路，脱硫石膏用来制造石膏板。通过多层级企业生态联合，既大大降低了污染物的治理费用，也节省了原材料的运输费用，实现了社会效益和经济效益的双赢。

三是区域循环经济。实现区域乃至全社会物质流转和循环利用是循环经济的宏观层次。理想型的循环经济是整个社会形成一个再生系统，实现全部物质与能量的循环，确保一个制程的输出始终可成为另一个制程的输入，达到真正永续发展、零浪费。政府要从整个社会的循环角度对产业结构和布局进行生态调整，为全链条制造生产的每个产品都进行绿色设计，每一环节的产出品都对应不同的循环过程，建立和完善全社会的资源、能源循环利用体系。同时，政府应鼓励绿色消费和发展资源回收产业，让各个企业实现原级和次级的物质循环，实现清洁生产、绿色消费、资源再生、环境净化。

3. 政府在循环经济建设中的作用

由于循环经济涉及面广，公益性强，影响深远而巨大，可以说从思想观念树立到行为习惯养成，从生产制造过程到流通消费环节，都与循环经济有关，循环经济建设需要政府的积极参与和介入。

首先，完善循环经济政策法规。2005 年，国务院出台了《关于加快发展循环经济的若干意见》；2009 年 1 月，我国正式开始实施《循环经济促进法》。2021 年，国务院出台《关于加快建立健全绿色低碳循环发展经济体系的指导意见》《"十四五"循环经济发展规划》《2030 年前碳达峰行动方案》等一系列文件，进一步明确强调大力发展循环经济。但是循环经济立法及配套政策以原则性、指导性为主，缺乏强制性的规定和操作清单。在执法和政策落地上，缺乏专门的组织机构和配套措施，让法律制度停留在纸面上。在互联网经济的加持下，中国新的经济模式不断出现，对于循环经济的立法和政策缺少前瞻性，与当下现实结合不紧密，这些问题都需要政府加以应对和解决。政府及生态环境行政部门，应进一步加快建立循环经济的配套政策，如行政法规、地方性法规、行政规章、政策性文件等，建立完善的循环经济法规体系，明确政府、企业和公众参与循环经济的责任，确保在不同层级有效实施。政府需要强化循环经济法律法规的执行力度，将生态治理和建设的法律责任提前，改变以末端治理为主的法律约束，发挥法治对循环经济的前置作用和全程作用。政府要强化政策引导，积极构建循环经济的完整闭环，促进生产、流通、消费、废弃、处置等各环节的顺畅循环。

其次，培育扶持循环经济产业。2021 年，国家发展改革委公布了《"十四五"循环经济发展规划》，提出构建资源循环型产业体系、构建废旧物资循环利用体系、深化农业循环经济发展三大任务以及五大重点工程和六大重点行动，涉及城市废旧物资循环、园区循环、大宗固废综合利用、建筑垃圾资源化、先进技术与装备创新等。预计到2025年，我国资源循环利用产业产值将达到5万亿元。对此，政府需要系统设定循环经济发展路径，积极培育循环产业。一是改进循环经济产业评价标准，形成涵盖生产和消费、废物管理、再生资源、竞争力和创新等不同监测维度的指标体系，健全废物端、生产端和使用端的资源消耗特征，提高指标的综合性和包容性。二是搭建路径清晰的关键产业循环方案，辨识不同产品或材料的循环路径，完善废弃物处理办法，不断提升废弃物向原材料和再生资源转化以及对原生材料的替换比例。三是提升循环经济技术水平。按照新兴产业的发展趋势，提前开展循环产业布局，加大报废动力电池、光伏组件等的循环技术研发，实现深层监测、残值评估、重组利用、安全管理等技术优势；通过政产学研用融合和联合攻关，综合运行新能源、新材料、生物科技、冶金化工、互联网等技术，研究可循环材料的智慧感知与精准分离、智能化成套装备制造、智能控制系统等前沿技术，解决循环产业领域关键难题。

最后，加强经济手段的运用和调控。发展循环经济需要政府给予有力的经济支撑和政策扶持。一是在经济政策导向上，政府应给予循环经济企业税收优惠，对购买、使用再生资源及污染控制设备的企业，在所得税、设备销售税、财产税等方面给予减免和退税。同时，政府要加强对资源要素价格的管制，提高资源税的税率，强化对资源开采和资源不经济使用的抑制作用。二是在循环经济网络构建上，政府要大力开展工业生态园区的建设，通过财政、土地、税费的优惠政策，有意识地将资源互补型企业聚合在一起，形成"扎堆效应"。三是政府需要加大对生态技术研发和创新的支持力度，鼓励企业实现循环技术的采用、更新和改造，提高废弃物资源化和污染物无害化的比率，减小企业排放对生态环境的影响。四是在市场环境培育上，政府可以直接投资兴建重大的循环经济项目；进一步明确循环经济优先领域和产品目录，鼓励企业参与循环经济建设；建立资源流量监督和调控系统，加强对资源浪费企业的监管和惩处力度；给予循环经济企业产品补贴，引导公众循环消费；等等。

第三节　标准治理下的考核指标完善

一、政绩观念的转变

1. 政绩观的含义

所谓政绩是指领导干部在贯彻执行国家意志和履行政府职责的过程中创造出来的成绩和贡献。政绩观是指领导干部对于政绩的观念认识和思想态度。政绩观是公共行政领域的核心观念，它决定着政府官员施政行为的方向，提供意志上的驱动力，对政府履职目标的实现起到引领作用。政绩观是创造政绩的价值导向，如果政绩观是错误的，那么领导干部的施政行为和工作方向必然存在偏差。

领导干部政绩观的确立主要受到两方面因素的影响：一是评价认同因素，即政府部门的工作人员按照上级的精神和要求或按照社会公众的利益和期盼开展行政工作，并取得积极而有益的成果，从而获得上级或社会公众的认同评价。二是行政效果因素，即政府实施行政行为得到了优质结果，如得到的收益大于投入的成本、行政效率得到了提升、管理水平得到了增强等。在不同的历史时期和发展阶段，人们对政府政绩的评价认同和行政效果的评判是不一样的，因此对政绩观的认定也是不同的。对我国而言，政绩观念和发展观念有着十分紧密的内在联系。改革开放以来，我国长期将经济放到优先发展的位置，领导干部促进经济发展的成效就成为考察其政绩的核心要素。这一政绩观形成的基础在于国家经济实力增长的需要和百姓生活质量改善的需要。但随着我国重要矛盾的变化，生态文明不平衡不充分的发展已经不能满足人民的需要，政绩就不仅体现在经济增长率、国民生产总值、CPI等经济指标上，还不可缺少碳达峰碳中和、环境资源可持续等生态指标。生态文明建设已经融入到政绩观中，成为政绩体现的必备要素。

2. 树立政绩观的基本原则

进入生态文明建设的新时代，需要在新发展理念的指导下树立新的政绩观。一是要体现全面发展的要求。中国特色社会主义事业是政治、经济、文化、社会和生态全面推进的事业。看政绩，既要看经济指标，也要看民生指标、生态指标；既要看当前发展状况，也要看发展的可持续性。只盯着单一指标，忽视其他工作，忽视发展的整体性、系统性、协同性，政绩观就会出现偏差。树立新的政绩观需要摒弃片面的政绩评价标准，要把经济社会发展、生态环境改善、资源能源节约、质量效益提高纳入到政绩考察范围，纠正片面的政绩观，树立全面的政绩观，实现包括生态文明建设在内的社会生活各个方面的整体推进。二是要体现以民为本的思想。政府官员只有一心为公，以人民的需要为第一需要，以人民的选择为第一选择，才能做出让上级放心，让人民满意的政绩。生态问题关系到人民群众的切身利益，是人民群众追求健康幸福生活的基本保障，建设良好的生态环境是人民的迫切需要。切实保障群众的生态利益和生态福祉是以人为本新政绩观的应有之义和必备要素。三是要体现新发展理念的要求。"创新、协调、绿色、开放、共享"的新发展理念，集中反映了党和国家对经济社会发展规律认识的深化，是推动高质量发展的必由之路，也是评判政绩的指向标。结合生态文明建设的要求，新发展理念的政绩观就是要适应新时代的变化，主动应变、科学识变、积极求变，改进经济、社会、文化、生态上发展的不平衡、不充分的地方，把绿色发展指标作为政绩考核的重要导向，以开放、包容、合作、共享的精神，为创建人与自然和谐共生的生态文明交出优异答卷。

3. 树立生态政绩观的制度保障

按照绿色发展理念树立新的政绩观，必须要制定科学有效的绿色考核评价体系，充分发挥其"指挥棒"作用，有效推动经济发展方式转变。只有对施政行为进行制度化的生态规范，才能够确保生态指标成为行政准则。为此，需要重点加强和完善两项制度，即生态考核制度和生态问责制度。

首先，健全生态考核制度。生态考核制度是干部考核制度中有关生态方面的内容。干部考核制度是对领导干部的工作内容、形式、效果都进行测评的一系列规范和机制的总和。完善领导干部的考核制度，建立蕴含生态要求的新政绩观，需要将生态指标纳入到干部考核规范中去。2019年，中共中央办公厅印发的《党政领导干部考核工作条例》中，将生态文明建设、生态环境保护提升到更重要的位置。条例指出，考核地方党委和政府领导班子的工作实绩，应当看全面工作，看推动本地区经济建设、政治建设、文化建设、社会建设、生态文明建设，解决发展不平衡不充分问题，满足人民日益增长的美好生活需要的情况和实际成效。在中央的大力推动下，生态指标已经逐步纳入到各地方干部政绩考核的内容中。不少地方把生态保护红线作为刚性要求，执行生态环保"一票否决"制度，实行领导干部自然资源资产离任审计等机制，对环境保护责任执行不到位和损害生态环境的领导干部，依纪依法从严问责、追责。加大生态督查力度和频次，对在生态环保工作中不作为、不担当的人和事进行严肃查处，倒逼环保责任主体改进作风、提升能力，促使生态环境保护责任全面落实。

尽管对领导干部的生态考核制度建设已经取得了一定的成绩，但是从整体上看，生态考核还需要加强。一是从考核指标上看，中央对领导干部考核只作了原则性要求，没有具体的指标体系，这种做法的初衷是为了避免"一刀切"，尊重各地的生态差异，制定不同侧重的管理办法。但带来的后果是约束性不强，地方生态治理偏软。二是考核制度执行不力，在节能减排一票否决、耕地保护、水资源保护、环境保护等方面，底线要求并不刚性，考核内容、考核标准、考核程序、考核办法都有待建立，执行的调门很高，但动真碰硬的少，对领导干部问责追责的少。三是生态文明涉及领域广、部门多，主责部门不明确，缺少相应的协调统筹机制，导致生态文明建设处于无序状态，重复考核和考核真空同时出现。

其次，实行生态问责制度。所谓问责制是指特定的问责主体针对各级政府及其公务员承担的责任和义务的履行情况而实施的并要求其承担否定性结果的一种规范（周亚越，2004）。问责的特定主体包括两个方面：一是内部问责；二是外部问责。内部问责主要指由政府上级官员和部门对下级的问责和政党对政府官员及部门的问责。外部问责主要是指党和政府机构以外的权力主体对行政部门和官员的问责，主要有人大、检察院、法院对同级行政部门的问责等，同时也包括公众对各级政府的问责。就行政问责的内容来看，不仅仅是对问责对象违法犯罪行为的法律责任追究，还包括对政府部门和官员未能恪尽职守地履行自己应尽的行政义务的追究。这既可能是由官员的"乱作为"造成的，也可能是由其"不作为"造成的，对这两种情况都应该予以问责。从制度的层面来看，问责制应该是有着规范的程序、明晰的界定和具体可行的操作标准的一整套规则，体现出经常性、系统化、标准化的制度特点。

我国在建立和完善问责制度的过程中，逐步将生态环境因素纳入问责的范围。2015年4月，中共中央、国务院印发《关于加快推进生态文明建设的意见》，要求完善责任追究制度，建立领导干部任期生态文明建设责任制，严格责任追究，对违背科学发展要求、造成资源环境生态严重破坏的要记录在案，实行终身追责，不得转任重要职务或提拔使用，已经调离的也要问责。同年8月，中共中央办公厅、国务院办公厅印发《党政领导干部生态环境损害责任追究办法（试行）》，首次对追究党政领导干部生态环境损害责任作出制度性安排。同年9月，中共中央、国务院印发《生态文明体制改革总体方案》，进一步提出了包括责任追究制度在内的8项根本制度，要求建立生态环境损害责任终身追究制。这一系列生态文明建设政策文件的出台，标志着国家生态文明建设进入实质问责阶段。今后，大力推进生态问责制度机制走向深入需要从以下几方面入手：一是健全行政问责的组织机构，赋予生态监督管理部门和公众问责权，在必要情况下设立专门的生态问责机构，为生态问责制的实行提供机构和权力保障。二是拓展生态问责的渠道和方法，在行政机构内部加强生态监察和生态审计，规范层级问责和部门问责；在行政机构外部，畅通非政府组织和社会公众问责的渠道，简化问责程序，建立生态问责的"绿色通道"。三是完善生态行政问责的各项制度，规范各项规程，实现生态问责的量化和可操作化。修订问责制度中缺失和偏颇的地方，协调下级部门问责和上级部门问责、工作人员问责和领导干部问责、具体执行问责和行政决策问责、工作失职问责和滥用职权问责的关系，实现问责制的全面与平衡。

二、政府生态绩效评估的强化

1. 政府绩效评估的含义

政府绩效评估是现代政府治理的一个重要工具。所谓政府绩效，从字面的意思来理解，是指政府实施行政行为所取得的成绩和效果。这里的成绩和效果反映的不仅是政府工作结果的优劣评定，还是行政的效益、效率及效能。这里有政府绩效需要对政府行政的投入、产出、结果、影响、价值、目标、对象等多个要素进行考察的含义。因此，政府绩效不同于政府的政绩，严格地说政绩只是政府绩效的一部分。政府的政绩是政府行政的正向结果，而政府的绩效则涵盖了政府的运行成本、经济效益、工作效率、政治稳定、社会发展、文明进步、生态良好等多重含义，既有正向绩效，也有负向绩效，既有结论性绩效，也有过程性和方法性绩效。

政府绩效评估，则是指依据一定的标准和程序，对政府行政成绩和效果进行分析的过程以及给出的定性定量结果。政府绩效评估是客观分析和主观评定的结合，既包括对政府行政行为结果进行分析后给出的定量的和客观性的评价，也包括对行政行为产生的成效、影响、作用的评判，是一种定性的和主观性的评价。政府绩效评估作为一种科学的治理工具，对政府绩效的认定更偏重于采用标准化的方法，通过信息采集、统计计算、指标对照、数据分析等方式得出结论。只有在无法用指标衡量的时候，才采取主观认定的方式给出结果，即便是主观评定也需要依据一定的标准，遵循一定的程序，使结论尽量客观。

政府绩效评估包含多方面的内容，最主要的有经济绩效、政治绩效、社会绩效和生态绩效四个方面。经济绩效是政府绩效的根本内容，一个国家实力的高低最主要体现在经济发展水平上，政府作为一个国家的施政代表，促进经济持续发展和保障经济的良性运转的状况，反映了政府的施政能力和根本绩效。政治绩效是政府绩效的中枢，它体现为制度的设计和创新能力，当政府能够为经济发展、政治改革、社会运行提供设计精良、科学有序、措施得当，机会公平的制度安排，并不断改进和创新，使制度适应社会现实、经济水平和人的素质的状况时，就能够持续实现政府绩效的提升。社会绩效是政府绩效的核心，是政府执政能力和管理水平在社会领域的集中体现。这里的社会是指民众的生活环境和相互关系的有机整体。政府作为公共利益的代表，其执政的核心就在于为民众谋利，促进社会的和谐，这也成为政府的核心价值。作为一个多系统的复杂机体，社会包括着不同的层次和功能，社会绩效就需要综合评定科学、教育、文化、体育等多方面的绩效，反映社会的全面发展和整体进步的程度。生态绩效是政府绩效的重要组成，主要反映在生态环境保护状况和生态文明建设水平上。生态绩效作为环境绩效的发展和延伸，并不是一个全新的政府绩效的考察因素。在传统的政府绩效评估中，是将环境绩效归入社会绩效的范畴，作为社会绩效的一个评定项目而存在。随着对生态问题日益重视，在政府将生态文明作为新的文明发展方向和未来社会的建设目标的条件下，将生态绩效单列为政府绩效的一部分，更加凸显了生态文明建设的重要地位和对于当今社会发展的独到作用。

2. 政府绩效生态评估的指标体系的建立

将生态绩效作为政府绩效的重要组成部分，并将生态要素纳入经济绩效、政治绩效和社会绩效的测评要素之中，需要通过相应的生态指标体系予以落实。指标是目标的具体化，没有一套必要的指标体系，就不能进行政府绩效评估。指标体系本身的规范、合理和完备决定着政府绩效评估的质量和水平。因此，开展政府绩效的生态评估就必须建立起一套科学的生态评估指标体系。

建立政府绩效评估的指标体系，就是要将政府绩效的目标进行逐级分解，然后对各个项目的性质、权重进行量化和分级，使之成为具体的、行为化的、可测量和可操作的指标。政府绩效指标体系的制定按照构成要素的性质和种类，可以分为三种指标体系：一是内部逻辑指标体系，这是按照构成政府绩效的各个因素的逻辑关系进行划分，按照演化顺序确定指标项目。例如，从"投入—管理过程—产出—中期效果—长期效果"等维度进行项目分类和指标选取。二是外延分类指标体系，这是指从政府绩效所包含的不同内容出发，来选取评估的各项指标。如按照绩效的不同类别，或者政府部门的分管职能以及中央到地方的层级绩效划分绩效指标。三是前两种的交叉，即综合指标体系，既有内部的逻辑关系，又有外部的不同类型、职能和分工。国际上较为流行的生态型政府绩效指标体系分别为P-S-R型、EPI型和REPI型。P-S-R型是按照"压力（Press）—状态（Status）—响应（Response）"结构进行指标划分的。其中，压力指标是指由于人类活动造成的生态环境变化项目，包括废弃物排放、资源过度消耗、森林过度砍伐等；状态指标是指生态环境的变化结果或发展趋势，包括物种多样性、森林覆盖率、水质状况、大气污染物浓度等；响应指标是指人类为改善生态状况、保护自然环境而采取的应对举措项目，如自然保护区、排污收费、排放权交易、污染税费等。P-S-R 型指标体系是一个有着紧密内在联系的指标体系，生态压力形成了一定的生态状态，由一定的生态状态又触发一定的响应举措。这种指标是典型的内部逻辑体系。EPI 型是环境绩效指数（Environmental Performance Index）的简称，主要包括 6 项指标类别，分别是环境健康、空气质量、水资源、生物多样性和栖息地、生产性自然资源、大气变化。这 6 个项目主要是从类别上进行划分的，因此属于外延分类指标体系。另外 REPI 型，即国际上普遍采用的环境综合绩效指数（Resource and Environment Performance Index），主要是通过资源利用和污染物排放强度来综合反映社会的生态状况，属于内涵和外延均考虑的综合指标体系。

3. 我国政府生态绩效评估的改进

2004 年，国家人事部门组织专家对政府绩效评估进行了研究，提出了一套适用于我国地方政府的绩效评估指标体系。这一指标体系在 2009 年修订后予以公布，成为各级地方政府建立绩效评估的指标体系的重要参考。在这套指标体系中，将政府绩效分为发展指标、职能指标、潜力指标 3 个一级指标，经济、社会、资源环境等 11 个二级指标，人均 GDP、社会劳动生产率、财政收入水平等 33 个三级指标。其中，直接体现生态因素的考核指标是在"发展指标"之下的"资源环境"项目中，共包括空气综合污染指数、资源消耗率、人口自然增长率 3 个具体指标，占政府绩效评估总比例的 6%。目前，我国政府绩效评估体系还处于不断发展和完善的阶段，对于政府的生态绩效评估存在诸多需要改进的地方。一是生态绩效比重有待提高。各地方评估指标以经济发展方面的指标为主，生态环境指标和社会发展指标所占比重过低。由于生态环境治理的长期性和复杂性，短时间内不容易显现实际效益，属于典型的"潜绩"，而非"显绩"，政府投身长线生态建设的动力不足。二是健全生态绩效评估科学机制。由于对政府的生态绩效缺乏深入系统的研究，在政府绩效中只是笼统地加入了几项生态要素，并没有形成融入经济、政治、社会的生态绩效体系。在生态指标的选取上存在抽象性和笼统性，任务分解得不够具体，指标操作性不强，生态目标制定得不甚明确，影响了绩效评估的效果。同时，由于各地方政府的绩效评估缺乏统一的规范，绩效评估往往处于自发的状态，随意性很强，主观评价的比重较大。这样一来，绩效评估容易受到"经济至上"政绩观的影响，生态绩效指标往往被忽视，甚至被经济指标所取代。对此，政府需要制定统一性、标准化和规范化的生态绩效评估制度，用制度和法律手段对生态绩效给予保障。三是强化生态指标的科学运用。2017 年 1 月，国务院发布《"十三五"节能减排综合工作方案》，提出实施能源消耗总量和强度双控行动，改革完善主要污染物总量减排制度。国务院每年组织开展省级人民政府节能减排目标责任评价考核，将考核结果作为领导班子和领导干部考核的重要内容。到了 2021 年，青海、广西、广东、福建和江苏等 9 个省份上半年能耗强度不降反升，达到一级预警，导致部分省份采取了不同程度的限产、限电措施。生态指标对经济增速形成了制约效应，说明生态指标体系不够科学合理，能源的总量管理弹性不足，指标区域分配机制不完善，存在"一刀切"的问题。

三、绿色 GDP 的引入

1. 绿色 GDP 的提出

在全球范围内评价一国经济总量的综合指标中，GDP 是最为核心的一个，是世界各国通行的标准之一。所谓 GDP（Gross Domestic Product），即国内生产总值，是指某一国家或地区在一段时期（通常为 1 年）之间所生产和提供的最终货物和服务的总价值。尽管 GDP 从 20 世纪 50 年代就已经形成，并在联合国的主持下经过 1968 年和 1993 年两次重大调整和修改，但自身仍然存在严重缺陷：GDP 不能反映经济发展对资源与环境造成的负面影响；GDP 不能准确地反映一个国家财富的变化；GDP 不能反映某些重要的非市场经济活动；GDP 不能全面地反映人们的福利状况（董小林，2011）。从根本上说，GDP 在实现可持续发展战略和推进生态文明建设中存在明显不足。之所以会出现这种情况，就在于 GDP 在计算时，将人类活动的外部非经济性统统排除在外，没有将自然生态环境的因素纳入考量范围。在粗放型的生产方式下，经济总量实现增长的过程，更是自然资源消耗增加的过程，更是生态遭到破坏、环境遭到污染、人类生存环境不断恶化的过程。然而，在 GDP 的视野范围内，只能看见国民经济增长的数值，没有看见实现这一增长所付出的生态环境代价以及由此造成的经济损失。GDP 只计算数量，而不看重质量；只得出结果，而不分析过程，由此反映的国民经济的状况也是不全面、不真实的。

到了 20 世纪后半叶，随着环境保护运动的风起云涌和可持续发展观念的深入人心，经济学家们开始将生态环境因素纳入到国民经济核算体系当中，以弥补 GDP 的缺陷和不足，于是绿色 GDP 的概念被提出。绿色 GDP（Green GDP）是对 GDP 的指标进行调整和改进后提出的一种新的国民经济核算方式。从概念上讲，绿色 GDP 是指在不减少现有资本资产水平的前提下，在一个国家和地区的范围内，常住单位在一段时期（通常为 1 年）内所生产和提供的最终货物和服务的总价值。这里所说的"不减少现有资本资产水平"是指，在计算绿色 GDP 时，要扣除为了实现经济增长而损失的生态环境成本和代价。资产资本既包括机器、厂房、资金等生产资本，也包括森林、矿产、土地、水资源等自然资产。

绿色 GDP 的提出具有重要的价值和意义：其一，更加真实地反映国民经济状况。绿色 GDP 是对 GDP 核算体系的补充和完善，反映了可持续发展的战略要求，体现了经济增长与生态建设的和谐统一。通常情况下，绿色 GDP 占国民生产总值的比重越大，说明经济发展的可持续性越好，生态环境的质量越高；反之，则说明国民经济发展的代价过重，发展不可持续。其二，有利于推进经济发展方式的转型。绿色 GDP 受到经济发展方式的影响十分严重，传统"高投入、高排放、高消耗、低效率"的粗放型生产方式，可以让

GDP 保持高速增长，却只能降低绿色 GDP 的比重。为了实现绿色增长，就必须向"少投入、低排放、低消耗、高效率"的集约型生产方式转变。其三，为政府经济决策提供导向和参考依据。不同地区绿色 GDP 反映的数据指标，可以为政府进行区域经济发展定位、产业结构方向调整、污染控制力度等提供决策参考和依据。同时，通过部门和地方的绿色 GDP 核算，政府可以了解到生态破坏、环境污染、资源消耗强度高的地区和部门，采取有针对性的治理措施，制定有效的生态环境保护政策。

2. 绿色 GDP 的核算

绿色 GDP 是在国民经济核算中纳入生态环境要素而得出的数值。生态环境要素如何确定、量化和计算，并没有统一和通行的标准，因此对绿色 GDP 的核算也就产生了不同的方法和类别。一是结构核算法。从绿色 GDP 的结构构成看，它是由绿色资源 GDP 和绿色环境 GDP 组成的，两者相加即为绿色 GDP。绿色资源 GDP 包含绿色土地 GDP、绿色森林 GDP、绿色矿产 GDP、绿色水资源 GDP 等；绿色环境 GDP 包括由环境保护和生态建设创造的绿色 GDP。因此，计算绿色 GDP 就需要将绿色资源 GDP 和绿色环境 GDP 的各组成要素进行统计并计算总和。二是损耗扣减法。这种方法是将国内生产净值（GNP）中的生态环境损耗进行扣除之后得出的数值。主要扣除的项目有自然资源损耗、环境资源损耗（环境污染造成的损失）以及生态环境治理的管理费用（包括预防支出、恢复支出、非优化调整费用）等。为了反映国民经济的实际增长状况，对生态环境损耗的扣除是以国内生产净值（GNP）为基数的，即在 GDP 中扣除固定资产折旧的费用。三是自然资产计算法。这种计算方法是将生产中使用的非生产性自然资产从 GDP 中扣除，从而得出绿色 GDP 的数值。这里的自然资产是指属于一定的所有者，所有者能够对其控制、使用和处置，并能够获得经济收益的自然资源和财产。自然资产又分为生产性自然资产和非生产性自然资产，生产性自然资产是指产权已经确定，所有者能够对其进行有效控制，通过生产活动获得经济收益的自然资产；非生产性自然资产是指没有明确产权，或所有者不能对资产进行有效控制，且不经生产活动就能获得经济效益的资产，如土地、矿产、森林、水体、野生动植物等。扣除掉的非生产性自然资产，是由经济资产中的非生产自然资产耗减和环境中非生产自然资产的降级构成的。前者指由于人类的生产活动，如使用、消费而损耗掉的自然资源；后者指由于生态环境恶化而引起的经济损失，如空气污染、水污染、噪声污染、废弃物污染等导致的损失。

以上三种方法是核算绿色 GDP 理论上的方法，但在实际的操作中还存在很多的技术难题，阻碍了绿色 GDP 的标准化和普及化。首先，由于生态环境的外部非经济性，自然资产的产权难以界定。产权的不清晰影响到资源环境的定价，从而很难对其进行准确的经济计量。其次，生态影响的程度很难界定，生态降级、环境污染问题较为复杂，有的对生态环境是显性、直接、一时、单一的影响，而有的则是隐形、间接、长久和联动的影响，对不同的环境污染和生态破坏状况如何计算还没有一个科学、统一的标准。最后，自然资本的计量也存在一定难度。自然资本在一国的储备数量决定了该国家的发展潜力和持久力，而自然资本的损耗和破坏对绿色 GDP 的影响取决于一国自然资本的总量和再生能力。自然资本的储备量、再生量、获取量、消耗量都是受多种因素影响而难以计算的，这也就给绿色 GDP 的核算带来了困难。由于种种障碍，绿色 GDP 的核算在全世界范围内仍是一个难题。虽然，挪威、芬兰、荷兰、法国、美国、墨西哥等国进行了绿色 GDP 的核算，但迄今为止，世界上还没有一套得到公认的绿色 GDP 核算模式，也没有一个国家以政府的名义发布绿色 GDP 核算结果（董小林，2011）。

3. 我国绿色 GDP 的引入

20 世纪 90 年代初，国内的一些研究者借鉴联合国与世界银行等国际组织发布的《综合环境与经济核算手册（SEEA1993）》，按照其提出的经济环境核算的基本框架和绿色 GDP 的理念，对我国环境污染和生态环境破坏造成的损失进行了测算，开始尝试用绿色 GDP 衡量国民经济的真实发展状况。此后，绿色 GDP 的研究日益受到重视，国家环境保护部门和统计部门组织了一大批相关课题的研究，开展了绿色 GDP 指标体系、自然资源损耗、环境降级的经济价值计算、生态治理和环境保护的效益核算等研究。2006 年，由国家环保总局和国家统计局联合向社会公布了《中国绿色国民经济核算研究报告（2004）》，对 GDP 进行环境污染调整，给出了我国第一个绿色 GDP 数值。但是这一研究受到部门局限和技术限制，只计算了实际资源环境成本的一部分，还不能称之为完整意义上的绿色 GDP。2021 年，有学者根据最新的 SEEA（2012），结合我国经济社会发展的实际情况，将自然资源耗减成本和环境损失成本作为扣除项加以考虑后，计算出我国 2007~2016 年的绿色 GDP 数值及指数。统计显示，我国绿色 GDP 与传统 GDP 保持同步上升趋势，其增长速度变化也基本保持一致；绿色 GDP 与传统 GDP 之间的差距呈现倒 U 型变化，绿色 GDP 指数先下降，在 2011 年达到最低点 75.77%，然后逐渐上升，到 2016 年绿色 GDP 指数为 88.55%（王燕等，2021）。数据表明，2011 年之前我国 GDP 中自然资产损失和生态赤字所占比重较大，随着全民对生态环境保护的观念加深和国家生态建设与治理效果的显现，经济增长对资源环境的负外部性减弱，经济发展模式得到一定优化改善。

引入绿色 GDP，更为重要的是将绿色 GDP 上升到制度层面和政策高度。统计绿色 GDP 不仅仅是为了得出一个数据，而是为了绿化 GDP，绿化政府、企业、个人的行为。即便是有了科学的绿色国民经济核算标准，形成了可操作性的核算体系，绿色 GDP 也不过是一个经济指标。只有将这一经济指标纳入政府及其官员的政绩考核中、政府的绩效评估中，才能抑制唯 GDP 的政绩冲动，才能构筑以生态文明建设为导向的生态型政府，实现国民经济社会的绿色发展。

第四节　全球治理下的生态责任担当

一、全球治理与政府责任

1. 生态问题的全球治理

在当今世界，随着全球化的不断拓展和深入，许多问题已经突破了国界和地域的限制，成为全球性的问题。而治理这些问题就需要世界各国和地区性组织在政治上协同起来一起进行管理，即进行全球治理。所谓全球治理，是指通过具有约束力的国际规制解决全球性的冲突、生态、人权、移民、毒品、走私、传染病等问题，以维持正常的国际政治经济秩序（俞可平，2002），是国家层面的治理与善治在国际层面的延伸（俞可平，2003）。建立全球治理机制是为了解决超出单独一国能力范围的国际难题。生态问题是当今迫切需要进行全球治理的一项难题。由于生态的整体性、系统性、循环性、流动性，靠人力很难将生态问题控制在一国范围和地域之内，国家和地区内的生态问题可能对世界生态产生影响，几乎所有的生态问题都可以成为全球性问题。为此，需要世界各国积极开展生态合作，制定共同遵守的生态国际公约，建立能够有效运作的生态全球治理机构和机制。

2. 生态全球治理的主要形式

根据全球治理的不同主体，生态全球治理可以分为三种方式：一是超国家层面的生态治理。这里主要指由联合国等超国家组织开展的生态环境保护工作。例如，1972年召开的联合国人类环境会议。作为人类历史上第一次以环境保护为主题的全球会议，包括我国在内的133个国家参加了会议。大会通过了《斯德哥尔摩宣言》，达成了"人类只有一个地球"，"人与环境不可分割"的共识。此后，人类环境大会或环境与发展大会定期召开，为世界各国提供了共同参与讨论生态政策的协商平台。此外，欧盟作为超国家层面的组织也有生态治理的职能。1990年，欧盟理事会发表的《都柏林宣言》指出，"共同体必须更加有效地运用其道义的、经济的和政治的权威立场，来加强解决全球性问题和推进可持续发展的国际性努力"。二是国家间的生态合作和生态条约的签订。国家或主权政府作为最重要的国际关系主体，在生态全球治理中发挥着关键作用。例如，1997年，为了人类的共同利益，经过艰苦卓绝的谈判，世界大多数国家签署了《京都议定书》。该协议旨在"将大气中的温室气体含量稳定在一个适当的水平，进而防止剧烈的气候改变对人类造成伤害"，从而对世界各国的二氧化碳排放量和减排趋势做了原则上的规定。《京都议定书》也成为人类历史上第一个由世界各国主动承诺限制自身行为以减少对气候影响的文件。截至2022年，已有170多个国家批准并加入该议定书，世界主要工业化国家中只有美国未签署《京都议定书》（2021年单方面退出）。三是亚国家层面的生态国际组织和公众对生态全球治理的参与。政府间国际组织以及国际民间环保组织等非政府组织也是参与全球生态治理的活跃力量。这些组织具有较强的环保专业力量，具备一定的经济实力，通过提供技术、资金、信息等方面的服务，协助开展国际性的生态治理活动。此外，随着公民生态意识的增强，社会公众对于生态利益的诉求将成为国家和各类生态组织参与全球生态治理的重要推动力。

3. 我国参与生态全球治理的原则立场

党的十八大报告指出，我国要"坚持共同但有区别的原则、公平原则、各自能力原则，同国际社会一道积极应对全球气候变化"。这为我国参与国际生态合作和治理提供了基本原则。

首先，要积极参与全球生态合作。世界是一个普遍联系的整体，生态环境更是各因素密切关联的机体。这种联系是不因国界、疆域、人种、宗教、文化等人为界限而隔离和区分的。每一国的生态环境系统都是全球生态系统的一个组成部分，两者是不能割裂开的（范俊玉，2011）。对生态环境的治理，离不开全世界各国各地区的参与。1972 年的《人类环境宣言》指出，环境问题的种类越来越多，因为他们在范围上是地区性或全球性的，或者因为他们影响着共同的国际领域，将要求国与国之间广泛合作和国际组织采取行动以谋求共同的利益（万以诚和万岍，2003）。我国作为一个世界大国，经济增长速度居前，经济总量第二，国土面积第三，是联合国五大常任理事国之一，是生态全球治理中重要的一极。我国需要积极投身到生态国际合作和生态治理的协商与政策制定中去，这不仅是为了维护我国自己的生态利益，也是为了世界的生态和谐。中国在国际舞台上展现一个负责任的生态大国形象，是作为世界上最大的社会主义国家应有的表现。

其次，承担共同而有区别的责任。全球的生态治理有赖于中国，中国也有责任肩负起自己能力范围内的生态义务。我国是一个发展中国家，人均资源量大大低于世界平均水平，特别是我国现阶段的生产力发展水平还比较落后，如果承担过度的生态责任，将会影响国家的经济增长，影响人民收入的提高，不利于经济社会的长期稳定和持续发展。因此，在参与生态国际合作和治理的过程中，一方面，我国主动而积极地做出生态承诺，并予以兑现。"十三五"期间，我国单位 GDP 能耗从 0.66 吨标准煤/万元降至 0.57 吨标准煤/万元，减幅达 13.7%。在 2021 年的《政府工作报告》中，提出将在"十四五"时期使森林覆盖率达到 24.1%、单位国内生产总值能耗和二氧化碳排放分别降低 13.5% 和 18%，显示出坚定不移走生态优先、绿色发展之路的决心。① 另一方面，对于当前生态环境恶化的局面，西方发达国家应当承担更重要的责任。占世界人口约 22% 的发达国家消耗着全球 70% 以上的能源，排放了 50% 以上的温室气体（汪嘉波，2009）。2022 年 4 月，《泰晤士报》报道，美国占全球资源过度使用的 27%，其次是欧盟，占 25%，其他富裕国家

---

① 钱德瑞：《中国减排承诺意义重大》，http：//www.china5e.com/show.php?contentid=70297，2010 年 1 月 18 日。

如澳大利亚、加拿大、日本和沙特阿拉伯共占22%，而南半球较为贫穷的国家加在一起也只占了8%。美国和欧洲要对过度使用自然资源造成的全球生态破坏负主要责任。发达国家在工业化阶段产生了大量的碳排放，对气候环境的恶化负有历史责任，而且作为已经完成工业化和现代化的发达国家，积累了丰富的减排经验和大量的物质财富，有更充分的技术、资金、管理条件和手段来减少对世界生态环境的损害。而中国这样一个新兴的发展中国家，工业化的任务还没有完成，还有相当一部分人的基本生活物质需求还没有得到满足，让中国承担同发达国家一样的生态责任是不公平、不现实的。为了维护我们共同的家园——地球，我们承诺积极履行共同的国际生态责任，但这种责任应该是有区别的，要符合中国的现实国情，要与中国能够担负的责任相一致。

最后，要坚持公平互助、各自能力原则。我国政府全面开展环境保护的工作起步较晚，基础较弱，经验不多。相较而言，西方发达国家则通过长期的生态治理过程，积累了丰富的经验，开发出了先进的技术，培养了专业化的人才，在民众中普遍树立了生态环保的理念。我国同发达国家一道进行生态治理，可以学习西方发达国家的先进方法和经验，寻求资金支持和技术援助。同样，作为发展中的大国，中国也可以向后发的发展中国家，或者有着相似发展经历和背景的国家，提供有益的生态建设经验以及一定的资金、物质、技术、人力支援。中国主张在全球生态治理中，主要通过对话、谈判来达成共识，使生态国际合作真正建立在公正合理、各自能力范围的基础之上，最终的目标是实现合作共赢，共同构建良好的全球生态环境。但是，在合作的过程中，一些发达国家名为"经济援助"实为"污染转移"，将污染严重的夕阳产业转移到发展中国家，甚至利用进出口法规的漏洞直接向发展中国家出口污染物和废弃物。对此，我们要坚决制止"污染转移"的行径，不能以牺牲国家的生态利益或者附带"污染性"的条件来获得发达国家的援助，只有在平等互利的条件下才能实现全球生态环境的共赢与善治。

二、生态问题的全球化——以碳排放为例

碳排放作为全球性生态问题的主要根源，需要各国和各地区携手合作共同应对、协力解决。习近平总书记一再呼吁："建设生态文明关乎人类未来。国际社会应该携手同行，共谋全球生态文明建设之路，牢固树立尊重自然、顺应自然、保护自然的意识，坚持走绿色、低碳、循环、可持续发展之路。"2020年9月，习近平主席在联合国大会上宣布，中国二氧化碳排放力争在2030年前达到峰值，努力争取在2060年前实现"碳中和"。此后我国就"3060"目标做出了一系列重大部署，以完成全球最高碳排放强度的降幅，用全球历史上最短的时间，实现从碳达峰到碳中和。中国倡导以"人类命运共同体"理念推动生态环境全球治理，已经迈出了自己坚实的步伐，而全球生态的"善治"需要世界各国、各地区达成更多共识，实现更多合作。

全球变暖已经被公认为威胁人类生存发展的首要公害。政府间气候变化专门委员会（IPCC）的报告指出，近100多年来全球平均地表温度升高了0.3℃~0.6℃，海平面平均升高了10~25厘米。气候变暖的成因尽管还存在不同的解释，但已经有越来越多的证据表明，二氧化碳的大量排放是导致气候变暖的主要原因。而人口数量的急速增长和人类社会的经济活动又是导致二氧化碳浓度提高的决定性因素（金三冰，2010）。随着人类对大气变化规律认识的不断深入，人们对于降低碳排放的呼声越来越高。由碳排放造成的环境问题与其他环境问题在形成原因、影响范围、作用方式、内外联结等方面均有很大不同，有着自己独特的基本特性：

1. 对生态环境破坏的间接性

同硫化物、氰化物、重金属、放射性物质等化学元素不同，二氧化碳本身是一种稳定的化合物，对于动植物不具备毒性，不会因为碳排放而造成直接的环境污染和生物中毒的现象。二氧化碳的排放也不同于二氧化硫、氮氧化物的排放造成的酸雨等直接可感的破坏性后果。其造成生态危机的主要机理在于自身的吸热特性，大气中二氧化碳浓度的增加会大大增强大气对太阳长波的吸收，提高大气的温度，从而导致对整个生态环境的改变。作为一种本身无色无味无毒的气体，对生态环境的破坏具有隐蔽性和间接性的特点。

2. 与能源消耗的同步性

在当今时代，碳排放产生的主要原因是由于人类对于化石燃料和生物质能源的使用。人类广泛使用的化石燃料，包括煤炭、石油、天然气、油页岩、沥青砂等，其主要成分都是碳氢化合物，二氧化碳是化石燃料燃烧后的副产品。作为化石能源补充的生物质燃料，如木柴、秸秆等也会产生二氧化碳。由于化石燃料是当前人类社会主要的能源来源，加之生物质燃料的使用，其比例占到全部能源使用的90%左右，能源的大量消耗也就是碳排放大幅攀升的根本诱因，两者呈正比例关系。

3. 对全球生态影响的整体性

碳排放产生破坏性后果的作用范围不是地域性的，而是全球性的。一个地区的碳排放的增加，不会对本地区产生即时的负面效应。同样，本地区碳排放的减少，也不会让本地区产生立竿见影的正面效果。二氧化碳等温室气体排放后，由于气体自身的扩散性和大气的流动性，其结果是整个大气温室气体浓度的增加，导致的是全球气温的上升。大气的运动无国界、无疆界限制，使得世界各国在气候变化上是一损俱损、一荣俱荣的，世界各国所要面对的是对全人类共同的影响。

4. 对技术依赖的无效性

随着科学技术的突飞猛进，人类寄希望于通过技术手段的进步，来降低甚至消除碳排放的不良后果，主要体现在新型动力设备的采用。例如，用电力代替化石燃料作为交通工具的能量来源。但是，在用零排放的电动发动机代替化石燃料发动机的过程中并没有消除碳排放，而是仅仅使碳排放前移了——因为电动车所冲入的电能仍然是依靠碳排放产生的。以中国为例，2008年，中国的电能75%来自以燃煤做燃料的火力发电，而且这一状况在可预见的一二十年内无法得到彻底改观。那是否能够用无碳的新能源代替化石能源，如用太阳能发电代替燃煤发电？除了成本上的因素，制造收集太阳能的电池板同样会产生大量的碳排放。从整个生产过程的循环来看，技术的进步解决不了由技术造成的环境危机问题（王雪峰，2010）。

5. 同过度消费的相关性

当今社会，人类对于物质的追求和生活的享受，已经迈过了理性的门槛，走向欲望的黑洞。人们总是希望获得更多、更好、更精美的消费品，以此获得满足。这种满足不再是以满足人的生存需要、发展需要为目标，而是以满足人的虚荣需要、贪婪需要为目标。人类的众多消费都是人为创造出来的"伪消费"，人们不断更新服饰、电子产品、汽车、住房等消费品，以迎合所谓的市场潮流和越多越大越好的消费心理，以奢侈的过度消费展示自己的身份与格调。大量的消费催生了大量的生产和大量的消耗，导致碳排放居高难下。

三、碳排放与人类社会的内在联结

1. 碳排放和经济增长的联结

化石能源的大量使用是大气中二氧化碳浓度升高的主要原因。化石能源作为现代工业的血液，已经渗透到工业体系的各个机体当中，形成了一个完整的链条，采用替代能源，即便能够在技术上得以实现，也要承担着传统产业力量的阻碍和花费巨大的改造成本，所付出的代价可能要远远高于采用新能源所节约的成本。因此，在当前的生产力发展水平下，化石燃料是一时无可撼动的能源主宰。在此条件下，为了降低碳排放而放弃化石能源的使用，几乎就等于放弃了经济的增长。这种代价即便是对生活环境有着严格控制标准的发达国家也是难以承受的，更不用说不惜牺牲环境换取经济增长的发展中国家。发展中国家不仅要实现新发展和大发展，发达国家也要实现快发展和再发展。包括发达国家和发展中国家在内的世界各国，都不会停止经济发展的脚步，为了实现经济的发展、社会的进步、生活的富裕就要促进生产，增加投资，推动消费，刺激经济，这一切又是以增加碳排放为前提的。只有打破经济增长与增加碳排放的连动效应，才能实现经济增长和降低碳排放的同步并举。

2. 碳排放和公共政治的联结

与一般的环境污染只是地域性的生态问题不同，大气变暖是一种全球性的生态问题。如果说地区内部的环境污染将对个体利益、局部利益造成影响而引发当地人密切关注的话，那么低碳环境则是一种公共品，极易产生公地悲剧效应。公地悲剧这一概念源于威廉·佛司特·洛伊在1833年讨论人口的著作中所使用的比喻。1968年，加勒特·哈丁的文章——《公地的悲剧》在《科学》期刊上发表，将这个概念加以阐释、延伸。然而，对这个理论最早的阐释甚至可以上溯到亚里士多德，他说："那由最大人数所共享的事物，却只得到最少的照顾。"碳排放正是如此，由于碳排放同经济增长的紧密联系，加之其区域性效应并不明显，使得各个国家都难免会产生这样的疑虑：为了全球的公共利益，是否值得牺牲自身的利益？在降低碳排放的过程中，某一个国家的努力可能被其他国家的放任所打消，反之，某个国家即便不遵守降低碳排放的约定，也可能通过别国的努力而获益。也就是说，对于单个国家、地区而言，其行为的方向和结果不一定是一致的，而是要取决于其他国家行为的影响和制约，这就陷入一种博弈的困境。破解公地悲剧效应，需要建立起各国的互信和践约机制，走向一种全球治理的政治路径，在共同的担当中实现人类共同的福祉。

3. 碳排放和消费文化的联结

人的文化观念决定人的行为目的和行为方式。进入近代以来，人对自然的胜利让人产生了对自身能力的自负，力图把人以外的世界都当成人掌控的对象。古希腊的先哲普罗泰哥拉曾说："人是一切事物的尺度。"万事万物的价值依靠对人的有用性与否进行评价。这种自我意识的极度膨胀，催生了无限贪婪的物质欲望。在人类社会的历史演进中，这种意识从未断流。在当代社会更是凭借其强大的物质生产能力，通过经济全球化的拓展将这种观念推向极致。人们在追求享乐、崇尚奢华的价值理念支配下，推崇的是"高消费"、"享乐至上"的生活方式，一次性消费、过度消费、奢侈型消费、炫耀型消费等大行其道（谈新敏，2011）。物质产品的外在工具和手段的价值已经被弱化，被人为地赋予了诸如身份、地位、品位、格调等附加的形象功能。在这种物质文化和生活理念的主导下，碳排放的增加不单是由满足人的实际生活需要造成的，更多的是由满足人的消费文化心理需要造成的。

四、构建低碳社会的路径选择

1. 用生态经济取代增长经济

增长经济首先强调的是生产扩大的增长。带动经济发展的"三驾马车"——投资、消费、出口，这些都是以生产能力的提高为内核的：投资实现生产、消费刺激生产、出口扩大生产，依靠生产的不断增加来体现经济的活力和财富的增长。但是这种经济增长方式没有考虑到生态边界的制约，生产前提中的原材料、生产过程中消耗的能源、生产结果中产生的废物都需要自然界提供或回收。当生产跨过自然界承载的极限时，生产就不再是给人类创造财富，而是在加速人类的灭亡。人是自然界的一部分，离开了自然人类无法生存。为了减缓人类与自然的对立，人类需要转变片面追求生产扩大的发展模式，用生态经济取代无限制的增长经济，在追求经济增长的同时要考虑生态环境所能承受的限度，以集约化的生产代替粗放型的增长，减少资源浪费，降低环境污染，实现人类社会的可持续发展。为此，在创建低碳社会的路径选择中，需要人们提高现有能源的使用效率，加快清洁能源的开发和利用，用低污染、低耗能的绿色 GDP 考察经济增长的效果，构建起以节能减排为核心的低碳能源系统、低碳技术创新体系和低碳产业体系。

2. 用全球治理取代地区治理

碳排放问题由于自身独特的性质，对传统生态治理方式提出了新的挑战。在传统环境问题的政治治理模式上，通常由国家主导，发挥政府和市场两方面的作用。政府这只"看得见的手"主要通过制定方针政策对社会经济进行宏观调控，制约社会生产、生活对生态的侵害；市场这只"看不见的手"，通过价格杠杆提高生态污染的成本，降低污染企业的市场竞争力，最终将造成生态破坏的经济行为挤出市场。但是在对碳排放的治理中，"两只手"突然都失去了力量："看得见的手"失去了监管的动力，"看不见的手"丧失了调节的能力。这是因为，这"两只手"是生长在"一国经济"的身躯之上的，没有国家利益和国民经济的支持，这"两只手"只能成为瘫痪的手。例如，旨在限定各国碳排放数量的《京都议定书》至今没有得到美国国会的批准，而美国却是世界上最大的碳排放国家之一。与美国政府和国会放弃参与碳减排计划不同的是，法国的减排阻力来自民间。2009 年，法国政府推出了"碳税"计划，试图对使用化石能源的企业和个人征税。这一被法国称为"生态税收"的制度却遭到了法国民众的强烈反对。据当时的民调显示，有65%的民众反对这一方案。在民众的反对声中，这一计划被无限期地搁置，政府的减排努力严重受挫。问题不仅仅出现在这两个国家，在近年举办的全球气候峰会上，从哥本哈根到德班，各缔约方分成不同的利益集团对碳排放的分配指标进行激烈的争夺。由于意见不一，数次气候峰会的预期目标都未能实现，排放峰值的达标年限被屡屡拖后，甚至还出现倒退的情况。2021年，美国宣布正式退出《京都议定书》，认为其设定的减排目标将对美国经济产生负面影响。由于以公共品形式出现的低碳环境和各个国家、地区的利益并不直接挂钩，舍弃自身的当前利益，服从全球的公共利益，如果不具备充分的理性和高度的全球责任感是很难做到的。即便是国家认识到了公共利益的重要性，对于基层的民众而言，更是难以牺牲自身的经济利益去创建全球的低碳环境，只要影响自身利益就可能趋向于否决国家提出的降低碳排放的决策。如果试图在政治上使这一状况得以改观，需要大幅度提高世界各国的协作程度，加快推进全球治理模式的协同一致。全球治理是通过各国的政治协商，共同解决超出一国或一地区范围的某一问题。但是全球治理并不是要建立一个世界政府和世界权威，而是在充分尊重各国利益和意志的基础上，加强彼此的沟通和协商，寻求协调一致的解决路径。因此，全球治理能否实现有效治理，关键在于世界各国政府和人民能否以人类共同的利益为重，加深政治互信，承担起各自应负的责任。

3. 用低碳观念取代消费主义

对幸福生活的追求是人的天性和本能，但是如果只把幸福定义为更多资源的消耗、更多空间的占有、更多物质的享受、更多奢侈的消费、更多无度的浪费，那么这种幸福注定只是少数人的幸福，而不是全人类的幸福。以美国为例，美国人以世界 5% 的人口消耗了世界 35% 的资源；二氧化碳的排放量占世界的 25%；美国日耗原油约 2100 万桶，约占全球总产量的 1/4，是世界上石油消耗第一大国；美国电力人均消耗是 1400 千瓦时，是日本的 1.5 倍、中国的 7 倍；美国的人均水资源消费量是全球人均消费量的 3 倍；美国人均每日生产垃圾 2.3 公斤，比发展中国家人均水平高出 5 倍。如果全世界人口都达到美国人的生活方式和消费水平，全世界的资源只够用 3 年。如果全世界人民都去追求美国人的"幸福"，结果只能造成全人类的不幸。所以，人类必须克制对过分物质享受的欲望和冲动，才能实现长久的幸福。如何才能抑制对物质享受和过度消费的追求？一个有效的途径就是用低碳文化的价值理念取代消费主义的物质崇拜，树立起低碳的理性，克制高碳的非理性。要实现这一目标，一是要建立起低碳价值观。这一价值观的核心主张是强调生态价值的作用，转变人类中心主义的立场，在考察人类的经济、社会、生活时，不再把人当作唯一的尺度，而是充分考虑生态的因素，实现人与自然的和谐共处。二是要建立低碳的行为规范。低碳法律、低碳政策、低碳道德都是约束高碳行为的有效手段。制定完善的低碳法律和低碳政策，可以对人们的低碳行为进行正确的引导，对违反低碳规定的行为进行有力惩处，从他律角度对碳排放进行控制。低碳道德的建立则是从自律的层面强化低碳的心理意识，使低碳行为成为人的自觉养成和主动选择。在他律和自律的共同作用下，低碳观念的形成才能具备充分的制度和思想保障。三是要加强低碳知识的普及和教育。人类对真理的认知往往首先掌握在少数人手中，只有对真理性的知识不断地推广普及才能逐渐为更多的人所接受，成为人类的共识。在生态危机频发的今天，尽管降低碳排放，保护大气、保护环境的呼声不绝于耳，但是让普通民众牺牲自身的当前利益去接受低碳的理性，显然还不能被轻易地接受。这就需要更强有力的低碳知识的宣传和普及，建立起与经济发展理论、社会发展理论、日常生活哲学相关的低碳知识体系，使人们能够普遍掌握和运用低碳的理论和技能，主动、理性地践行低碳行动。

结　语

　　在中国建设一个社会主义的生态文明社会，既是对人与自然关系重新反思后的深刻洞察，也是从传统文明走向新型文明的理论推演；既是对中国特色社会主义核心价值的诠释和呈现，也是对人类社会发展规律的丰富和拓展；既是建设"美丽中国"构建和谐社会的实践需要，也是我国推动"和谐世界"作为大国的责任担当。"生态文明建设"的提出，不仅标示出生态文明建设的历史进步意义和时代发展要求，也体现出我国经济社会发展模式的根本性转变和中国共产党执政理念的跃进和升华。建设社会主义的生态文明社会，对于当代中国的发展进步有着重要价值和意蕴。

　　生态文明建设是对新的文明发展形式的实践探索。人类在过去的400多年中，使工业文明发展到前所未有的高度。高度发达的工业文明时代是人类改造世界的能力得到尽情发挥的时代，也是人类遭受到前所未有的自然报复的时代。其实，对于自然生态的破坏不仅仅是从工业文明社会开始的，在农业社会乃至原始社会也存在。有研究认为，古代玛雅文明的覆灭就是因为人口增长过快、环境破坏严重，使生态系统失去维持人类生存环境的能力而导致的。同样，尼罗河流域文明的衰落也是因为人类无节制的开发，导致森林被大面积砍伐，肥沃的表土被河水冲走，大片土地变得荒芜，所居人类也不得不迁走。类似的例子在中国古代的楼兰也发生过。"人类最光辉的成就大多导致了奠定文明基础的自然资源的毁灭。"① 当人类赖以生存的生态环境被破坏之后，人类文明的足迹也必然中断。但是毕竟"刀耕火种"的农业技术对于自然的破坏力是有限的，人类可以当自然环境变得不再适合生存时选择另外的栖息之所繁衍生息，被破坏的生态也可能在脱离了人类之后恢复到原来的状态。但是到了工业社会，在强大的工业力量的支撑下，人对于自然的反作用已经远远超出了自然的涵养力和恢复力，加之人口的过度增长，对自然的破坏也不再是区域性的，地球上的每个角落几乎都已经打上了人的烙印。工业文明社会使人与自然关系发生了人类历史上最为严重的扭曲，人对自然的过度索取，将使人类的发展无以为继。面对未来，人类究竟要选择一条怎样的道路？在不断的反思中，我们得出结论：在新的文明路径选择上，必须在提高物的生产力和改善人的生活水平的同时，建立起经济、社会与生态协调发展的关系，必须树立人和自然平等的观念，实现人类社会与自然生态的相容共生、互促互进，这正是生态文明的要旨所在。生态文明是人类对传统文明进行批判和超越的结果，也是人类文明发展理念、模式和道路的深刻变革。生态文明是一条从对立型、征服型、污染型、破坏型向和睦型、协调型、恢复型、建设型演变的生态轨迹，从维系人与自然的共生能力角度，从人与自然、人与社会以及人际和代际之间的公平性、共生性的原则出发，从文明的延续、转型和价值重铸的角度来认识，生态文明必将超越和替代工业文明。因此，作为将生态文明社会确定为建设目标的国家和政府，其生态实践无疑将为人类文明进入生态时代探索一条全新的路径。

生态文明建设是构建中国特色社会主义的必然选择。人类社会的发展进程表明，人类文明的兴衰同生态环境有着密切的关联，可以说生态兴则文明兴，生态衰则文明衰。尽管我国已经迈入工业化、信息化、城镇化的时代，并呈现出高速增长的态势。但是，我们面临的生态危机和难题却也在同步增

---

① ［美］弗·卡农、汤姆·戴尔：《表土与人类文明》，北京，中国环境科学出版社，1987年版，第1页。

多，生态环境仍然呈继续恶化的态势，抵御灾害的能力在减弱，生态系统的整体功能在下降，这些都成为中国实现可持续发展的障碍。为了扭转生态对经济社会的制约作用，就必须找到一条适合我国国情的发展路径。经过中国共产党和中国政府不懈探索和总结，建设生态文明的社会成为破解发展难题的终极对策，并将其作为建设中国特色社会主义的总任务在国家层面得到确立。建设中国特色社会主义，需要将物质文明、精神文明、政治文明、社会文明与生态文明统筹起来，生态文明既作为一个建设目标而存在，也是实现物质文明、精神文明、政治文明和社会文明的前提和保障。而现实的情况是，我们更多注重的是物质文明、精神文明、政治文明和社会文明的建设，忽略了生态文明的建设，生态文明建设与其他四大文明相比是一个薄弱环节。只有加强生态文明建设，实现五个文明的同步推进，才能实现中国特色的社会主义。此外，作为中国特色社会主义建设的指导思想——科学发展观，其科学内涵的基本要求和根本方法与生态文明的价值内核也是一致的。科学发展观不是一般地要求我们要保护自然环境、维护生态安全、实现可持续发展，而是把这些要求本身视为发展的基本要素，其目标就是通过发展去真正实现人与自然的和谐以及社会环境与生态环境的平衡，实现根植于现代文明之上的"天人合一"。简言之，科学发展观要求我们建设社会主义的生态文明（俞可平，2005）。我们坚持科学发展观就是坚持生态文明的建设方向，在实践中落实科学发展观，就需要不断深入开展生态文明建设，实现人与人、人与社会、人与自然全面而和谐地发展。

生态文明建设对于世界的和谐与进步具有重要的意义。在生态危机愈演愈烈的今天，生态问题已成为世界性的问题。如大气污染、全球变暖、海洋污染、南极保护、臭氧层保护等生态问题，已经远不是一国范围内的事情，而是跨国、跨境，甚至全球各国都要面对的问题。生态恶化、资源短缺有时候可能会直接或间接地导致国家之间的冲突和纠纷。在20世纪70年代，美国与加拿大，挪威、瑞典等北欧国家与德国、法国等中欧国家之间，曾经长期为酸雨问题争吵不休。这些事件都或多或少地影响了国与国之间的关系。更极端的生态危机还可能导致国家之间的军事冲突。在中东、非洲、亚洲、拉丁美洲，自然环境的恶化成为政治动乱和国际形势紧张的根源。最典型的情况是水资源的争夺，在北美的格朗德河、南美的拉普拉塔河和巴拉那河、亚洲的湄公河和恒河、非洲的尼罗河、中东的约旦河等地都发生过争夺水资源的冲突。以色列和部分中东国家爆发的中东战争，其中一个重要的争夺焦点就是戈兰高地的水源。"国家曾经常为争夺和控制原材料物质、能源供应、土地、河谷、海洋通道及其他关键性环境资源发生冲突。随着这些资源越来越短缺，竞争越来越激烈，造成冲突的可能性也就越来越大。"① 然而，中国提出的生态文明建设目标，是用观念道德的树立、体制机制的完善、法律法规的健全、经济手段的运用、科学技术的提高、国际责任的担当等以内部的自我革新和转型来予以实现。这同用战争和暴力手段争夺世界资源，以及把污染物或污染企业转移到国外的做法截然不同。在国际领域，中国的生态文明建设服务于构建一个"持久和平、共同繁荣的和谐世界"的国际战略。这一战略目标的实践，将展现一个负责任大国的良好生态形象，并为保护地球生态起到示范和辐射作用。作为世界上最大的社会主义国家，中国的生态文明建设，必将为推进世界生态文明的进程做出突出而又积极的贡献。

生态文明建设是生态文明价值与意蕴在实践领域的践履和兑现。既然生态文明是人类文明的发展方向，是中国特色社会主义的内在要求，是中国执政党确立的建设目标，政府作为将国家意志付诸实施的行政机构，建设社会主义的生态文明就成为其必然的责任。在中国政府不断加大生态文明建设力度并取得光辉成绩的同时，我们也要看到政府的生态治理仍有诸多弊病和缺失。建设生态文明的社会，离不开政府的生态善政与善治，这就需要推进政府的生态化转型，构建完备、健全、适当、有效的生态型政府，改进政府生

---

① 世界环境与发展委员会：《我们共同的未来》，王之佳、柯金良译，长春，吉林人民出版社，1997年版，第290页。

态治理的路径和手段。在中国共产党的领导下，中国政府是有着强大自我修复和改进能力的行政机体，特别是在当今社会主义民主政治不断取得进展、公众利益诉求表达更加强烈的条件下，强化政府的生态治理既有实际需要，又有现实可能；既有内在的动力，也有外在的压力，这是建设生态型政府的重大契机。只要政府紧紧抓住历史和时代赋予的机遇，大胆迎接生态转型的挑战，始终坚持社会主义生态文明的建设方向，不断改进生态文明建设中存在的问题与弊病，中国政府就一定能够完成建设社会主义生态文明社会的历史重任，生态文明必将在社会主义中国呈现出光明而又坚实的景象。

参考文献

一、图书著作

［1］［英］安德鲁·多布森：《绿色政治思想》，郇庆治译，济南，山东大学出版社，2005 年版。

［2］［英］安东尼·吉登斯：《气候变化的政治》，曹荣湘译，北京，社会科学文献出版社，2009 年版。

［3］［美］巴里·康芒纳：《封闭的循环——自然、人和技术》，侯文蕙译，长春，吉林人民出版社，1997 年版。

［4］白钢、林广华：《宪政通论》，北京，社会科学文献出版社，2005 年版。

［5］［英］布赖恩·巴克斯特：《生态主义导论》，曾建平译，重庆，重庆出版社，2007 年版。

［6］陈学明：《生态文明论》，重庆，重庆出版社，2008 年版。

［7］陈振明：《公共管理学》，北京，中国人民大学出版社，2005 年版。

［8］程伟礼、马庆：《中国一号问题：当代中国生态文明问题研究》，上海，学林出版社，2012 年版。

［9］［英］戴维·佩珀：《生态社会主义：从生态学到社会正义》，刘颖

译，济南，山东大学出版社，2005 年版。

［10］［英］戴维·皮尔斯，杰瑞米·沃福德：《世界无末日》，北京，中国财政经济出版社，1996 年版。

［11］［美］丹尼尔·科尔曼：《生态政治——建设一个绿色社会》，梅俊杰译，上海，上海世纪出版集团，2006 年版。

［12］［美］丹尼斯·米都斯：《增长的极限——罗马俱乐部关于人类困境的报告》，李宝恒译，长春，吉林人民出版社，1997 年版。

［13］董小林：《环境经济学（第二版）》，北京，人民交通出版社，2011 年版。

［14］樊耀根：《生态环境治理的制度分析》，咸阳，西北农林科技大学出版社，2003 年版。

［15］范俊玉：《区域生态治理中的政府与政治》，广州，广东人民出版社，2011 年版。

［16］高小平：《政府生态管理》，北京，中国社会科学出版社，2007 年版。

［17］龚高健：《中国生态补偿若干问题研究》，北京，中国社会科学出版社，2011 年版。

［18］［美］哈丁：《生活在极限之内》，上海，上海译文出版社，2007 年版。

［19］洪大用：《中国民间环保力量的成长》，北京，中国人民大学出版社，2007 年版。

［20］郇庆治：《环境政治学：理论与实践》，济南，山东大学出版社，2007 年版。

［21］郇庆治：《环境政治国际比较》，济南，山东大学出版社，2007 年版。

［22］郇庆治：《重建现代文明的根基——生态社会主义研究》，北京，

北京大学出版社，2010年版。

[23] 黄爱宝：《建设资源节约型和环境友好型政府研究》，北京，人民出版社，2011年版。

[24] 姬振海：《生态文明论》，北京，人民出版社，2007年版。

[25] ［德］柯武刚、史漫飞：《制度经济学：社会秩序与公共政策》，北京，商务印书馆，2000年版。

[26] ［美］蕾切尔·卡逊：《寂静的春天》，吕瑞兰、李长生译，长春，吉林人民出版社，1997年版。

[27] 李勃、王瑞：《科学决策辞典》，北京，经济管理出版社，1995年版。

[28] 李崇富等：《生态文明研究与"两型社会"建设》，北京，中国社会科学出版社，2011年版。

[29] 厉以宁：《超越政府与超越市场——论道德力量在经济中的作用》，北京，经济科学出版社，1999年版。

[30] ［法］卢梭：《社会契约论》，北京，商务印书馆，2003年版。

[31] 卢风：《从现代文明到生态文明》，北京，中央编译出版社，2009年版。

[32] ［美］罗德里克·弗雷泽·纳什：《大自然的权力》，杨通进译，青岛，青岛出版社，1999年版。

[33] ［英］洛克：《政府论》（下），北京，商务印书馆，1964年版。

[34] ［德］马克斯·韦伯：《经济、诸社会领域及权力》，李强译，北京，生活·读书·新知三联书店，1998年版。

[35] ［法］孟德斯鸠：《论法的精神》（上），孙立坚等译，太原，山西人民出版社，2001年版。

[36] 孟继民：《资源型政府——公共管理的新模式》，北京，中国人民大学出版社，2008年版。

〔37〕全国干部培训教材编审指导委员会:《生态文明建设与可持续发展》,北京,人民出版社,2011年版。

〔38〕〔美〕萨拉蒙·莱斯特:《全球公民社会:非营利部门视界》,北京,社会科学文献出版社,2002年版。

〔39〕〔印〕萨拉·萨卡:《生态社会主义还是生态资本主义》,济南,山东山大图书有限公司,2008年版。

〔40〕〔美〕塞缪尔·亨廷顿:《变化社会中的政治秩序》,王冠华等译,北京,生活·读书·新知三联书店,1989年版。

〔41〕申振东、龙海波:《生态文明城市建设与地方政府治理》,北京,中国社会科学出版社,2011年版。

〔42〕时青昊:《20世纪90年代以后的生态社会主义》,上海,上海人民出版社,2009年版。

〔43〕宋宗水:《生态文明与循环经济》,北京,中国水利水电出版社,2009年版。

〔44〕孙正甲:《生态政治学》,哈尔滨,黑龙江人民出版社,2005年版。

〔45〕唐娟:《政府治理论》,北京,中国社会科学出版社,2006年版。

〔46〕万以诚、万岍:《新文明的路标———人类绿色运动史上的经典文献》,长春,吉林人民出版社,2003年版。

〔47〕王宏斌:《生态文明与社会主义》,北京,中央编译出版社,2011年版。

〔48〕王惠岩:《政治学原理》,北京,高等教育出版社,1999年版。

〔49〕王明初、杨英姿:《社会主义生态文明建设的理论与实践》,北京,人民出版社,2011年版。

〔50〕王宁:《消费社会学:一个分析的视角》,北京,社会科学文献出版社,2001年版。

〔51〕王浦劬等:《政治学基础》,北京,北京大学出版社,2006年版。

［52］王潜：《县域生态市治理与建设中的政府行为研究》，沈阳，东北大学出版社，2011 年版。

［53］王雨辰：《走进生态文明》，武汉，湖北人民出版社，2011 年版。

［54］［德］乌尔里希·贝克：《风险社会》，何博闻译，南京，译林出版社，2003 年版。

［55］吴妤：《理想中的城市——建设生态与循环型城市的理论与政策》，北京，中国社会科学出版社，2009 年版。

［56］肖建华、赵运林、傅晓华：《走向多中心合作的生态环境治理研究》，长沙，湖南人民出版社，2010 年版。

［57］谢庆奎：《当代中国政府与政治》，北京，高等教育出版社，2003 年版。

［58］严耕：《生态文明理论构建与文化资源》，北京，中央编译出版社，2009 年版。

［59］严耕、杨志华：《生态文明的理论与系统构建》，北京，中央编译出版社，2009 年版。

［60］［日］岩佐茂：《环境的思想——环境保护与马克思主义的结合处》，韩立新等译，北京，中央编译出版社，2006 年版。

［61］［日］岩佐茂：《环境的思想与伦理》，冯雷等译，北京，中央编译出版社，2011 年版。

［62］杨东平：《中国环境发展报告（2012）》，北京，社会科学文献出版社，2012 年版。

［63］杨华：《中国环境保护政策研究》，北京，中国财政经济出版社，2007 年版。

［64］杨通进、高予远：《现代文明的生态转向》，重庆，重庆出版社，2007 年版。

［65］余谋昌：《环境哲学——生态文明的理论基础》，北京，中国环境

科学出版社，2010 年版。

[66] 余谋昌：《生态文明论》，北京，中央编译出版社，2010 年版。

[67] 俞可平：《权力政治与公益政治》，北京，社会科学文献出版社，2000 年版。

[68] 俞可平：《全球化：全球治理》，北京，社会科学文献出版社，2003 年版。

[69] 俞可平：《生态文明与社会主义》，北京，中央编译出版社，2011 年版。

[70] 俞可平：《治理与善治》，北京，社会科学文献出版社，2000 年版。

[71] ［美］约翰·贝拉米·福斯特：《生态危机与资本主义》，耿建新、宋兴无译，上海，上海译文出版社，2006 年版。

[72] ［美］约瑟夫·S. 奈、约翰·D. 唐纳胡：《全球化世界的治理》，王勇等译，北京，世界知识出版社，2003 年版。

[73] 曾文婷：《生态学马克思主义研究》，重庆，重庆出版社，2008 年版。

[74] 张建伟：《政府环境责任论》，北京，中国环境科学出版社，2008 年版。

[75] 张剑：《生态文明与社会主义》，北京，中央民族大学出版社，2010 年版。

[76] 张劲松：《生态型区域（苏南）治理中的政府责任》，广州，广东人民出版社，2011 年版。

[77] 张康之、李传军：《公共行政学》，北京，北京大学出版社，2007 年版。

[78] 张雷：《政府环境责任问题研究》，北京，知识产权出版社，2012 年版。

[79] 张嫚：《环境规制约束下的企业行为》，北京，经济科学出版社，

2006 年版。

[80] 张友渔:《中国大百科全书·政治学卷》,北京,中国大百科全书出版社,1992 年版。

[81] 赵汇:《马克思的资本主义本质理论与当代现实》,北京,中国人民大学出版社,1996 年版。

[82] 赵俊:《环境公共权利论》,北京,法律出版社,2009 年版。

[83] 周国文:《自然权与人权的融合》,北京,中央编译出版社,2011 年版。

[84] 周凯:《政府绩效评估导论》,北京,中国人民大学出版社,2006 年版。

二、理论文章

[1] 鲍小东、张馨苑:《"毒地"之上,安筑广厦万千》,《南方周末》,2011 年 12 月 22 日。

[2] 鲍晓英、金志丽:《浅论政府、私人部门和公民在环境污染治理中的责任》,《环境卫生工程》,2005 年第 8 期。

[3] 毕铁居:《和谐社会与政府生态责任体系的构架》,《特区经济》,2006 年第 5 期。

[4] 蔡守秋:《关于加强环境法治建设的总体构想》,《东方法学》,2008 年第 3 期。

[5] 蔡守秋:《论政府环境责任的缺陷与健全》,《河北法学》,2008 年第 3 期。

[6] 蔡守秋:《论综合生态系统管理》,《甘肃政府学院学报》,2006 年第 3 期。

[7] 蔡拓:《全球政治的要义及其研究》,《世界经济与政治》,2005 年第 4 期。

［8］曹孟勤：《政府生态责任的正义性考量》，《人民论坛》，2010 年第 36 期。

［9］陈泉生：《论可持续发展立法倾向》，《福建政法管理干部学院学报》，2001 年第 4 期。

［10］陈润羊、花明：《我国环境保护中的公众参与问题研究》，《广州环境科学》，2006 年第 3 期。

［11］陈学明、罗骞：《科学发展观与人类存在方式的改变》，《中国社会科学》，2008 年第 5 期。

［12］陈艳珍：《优化政府绩效评估的几点思考》，《理论探索》，2009 年第 1 期。

［13］陈泽伟：《环保部门成腐败易发多发"高危地带"》，《瞭望周刊》，2009 年 4 月 27 日。

［14］陈治桃、李三虎：《生态的政治化与政治的生态化》，《广东社会科学》，2002 年第 1 期。

［15］邓名奋：《论公民与政府委托—代理关系的构建》，《国家行政学院学报》，2007 年第 5 期。

［16］邓贤明：《责任政府视域下政府生态责任探析》，《前沿》，2011 年第 7 期。

［17］董小君：《中国西部陷入两难抉择："要温饱还是要环保"》，《中国经济时报》，2007 年 7 月 23 日。

［18］杜万平：《对我国环境部门实行垂直管理的思考》，《中国行政管理》，2006 年第 3 期。

［19］段昌群、杨雪清、张文逸：《生态环境问题对新中国政治生活之影响——从政治生态学的角度分析》，《云南大学人文社会科学学报》，2000 年第 4 期。

［20］方世南：《从生态政治学的视角看社会主义和谐社会的构建》，《政

治学研究》，2005 年第 2 期。

[21] 方世南：《环境友好型社会呼唤绿色政治文明》，《江苏行政学院学报》，2006 年第 4 期。

[22] 方世南：《环境友好型社会与政府在环境治理中的作为》，《学习论坛》，2007 年第 4 期。

[23] 方世南：《生态文明与企业的环境责任》，《中共云南省委党校学报》，2007 年第 6 期。

[24] 方世南、张伟平：《生态环境问题的制度根源及其出路》，《自然辩证法研究》，2004 年第 5 期。

[25] 傅琼：《透明政府建设是提高行政能力的重要途径》，《理论月刊》，2006 年第 1 期。

[26] 高小平：《落实科学发展观加强生态行政管理》，《中国行政管理》，2004 年第 5 期。

[27] 郭珉媛：《生态政府：生态社会建设中政府改革的新向度》，《湖北社会科学》，2010 年第 10 期。

[28] 郭庭天：《当代中国社会主义生态政治的特征分析》，《中国软科学》，2006 年第 1 期。

[29] 郭翔鹤：《潘岳痛陈环保困局："流域限批"已是最后一招》，《新闻晨报》，2007 年 7 月 4 日。

[30] 侯文蕙：《20 世纪 90 年代的美国环境保护运动和环境保护主义》，《世界历史》，2000 年第 6 期。

[31] 胡淑婷：《论政府的生态伦理建设责任》，《安徽行政学院学报》，2011 年第 4 期。

[32] 郇庆治：《国内生态社会主义研究论评》，《江汉论坛》，2006 年第 4 期。

[33] 黄爱宝：《生态政治的双重定位及其关系》，《南京社会科学》，

2003 年第 11 期。

　　[34] 黄爱宝、陈万明：《生态型政府构建与生态 NGO 发展的互动分析》，《探索》，2007 年第 1 期。

　　[35] 黄惟勤：《政府职责的概念、特征及分类》，《法学论坛》，2010 年第 3 期。

　　[36] 黄小勇：《中国政府与公民的关系：现状与思考》，《国家行政学院学报》，2001 年第 5 期。

　　[37] 金三林：《我国二氧化碳排放的特点、趋势及政策取向》，《北方经济》，2010 年第 4 期。

　　[38] 金太军、谈镇：《政府失灵的对策研究》，《晋阳学刊》，1998 年第 3 期。

　　[39] 金太军、袁建军：《和谐社会视角下的政府能力考量》，《社会科学战线》，2006 年第 4 期。

　　[40] 李大鹏：《ISO14000 及在我国实施的现状、障碍和对策》，《江苏商论》，2003 年第 5 期。

　　[41] 李刚：《生态政治学：历史、范式与学科定位》，《马克思主义与现实》，2005 年第 2 期。

　　[42] 李鸣：《我国政府生态责任运行机制研究》，《学术论坛》，2007 年第 3 期。

　　[43] 李瑞昌：《理顺我国环境治理网络的府际关系》，《广东行政学院学报》，2008 年第 6 期。

　　[44] 李士坤：《运用马克思恩格斯人与自然关系的理论指导"两型社会"建设的实践》，载李崇富等：《生态文明研究与"两型社会"建设》，北京，中国社会科学出版社，2011 年版。

　　[45] 李卫卫、金开好：《我国企业实施 ISO14000 的对策》，《企业改革与管理》，2007 年第 11 期。

［46］林家彬：《环境 NGO 在推进可持续发展中的作用——对日本环境 NGO 的案例分析》，《中国人口·资源与环境》，2002 年第 2 期。

［47］刘畅：《引导型政府职能模式视角下的政府生态城市建设》，《党政干部学刊》，2011 年第 9 期。

［48］刘然：《生态政府建设的价值取向》，《社会主义研究》，2009 年第 6 期。

［49］刘伟、杨益哲：《网络治理：网络社会视阈下治理范式跃迁的新愿景》，《晋阳学刊》，2008 年第 4 期。

［50］刘在平：《面对人类生存危机的政治思维——生态政治学》，《天津社会科学》，1992 年第 6 期。

［51］刘志荣、陈雪梅：《论政府与企业在循环经济发展中的博弈均衡——兼论政府发展循环经济的制度设计》，《经济研究参考》，2007 年第 70 期。

［52］刘祖云：《政府间关系：合作博弈与府际治理》，《学海》，2007 年第 1 期。

［53］龙献忠：《政府生态责任与臻善》，《求索》，2010 年第 2 期。

［54］陆畅：《论我国政府生态职能的重构》，《科学社会主义》，2011 年第 5 期。

［55］罗文东：《生态文明、科学发展与社会主义》，载李崇富等：《生态文明研究与"两型社会"建设》，北京，中国社会科学出版社，2011 年版。

［56］麻宝斌：《公共利益与政府职能》，《公共管理学报》，2004 年第 1 期。

［57］潘岳：《保护环境即是促进社会公平》，《中国新闻周刊》，2004 年 11 月 15 日。

［58］潘岳：《中国环境问题的根源是我们扭曲的发展观》，《环境保护》，2005 年第 6 期。

［59］任喜荣：《宪政的实现：在传统与现代之间》，《吉林大学社会科学学报》，2000 年第 5 期。

［60］任志宏、赵细康：《公共治理新模式与环境治理方式的创新》，《学术研究》，2006 年第 9 期。

［61］芮国强：《马克思恩格斯生态政治思想初探》，《江海学刊》，2005 年第 3 期。

［62］芮国强：《生态政治学概念辨析》，《学术界》，2003 年第 4 期。

［63］赛明明、孙发峰：《论当代中国生态政治建设》，《中州学刊》，2006 年第 9 期。

［64］沈承诚：《政府生态治理能力的影响因素分析》，《社会科学战线》，2011 年第 7 期。

［65］沈满洪：《论环境问题的制度根源》，《浙江大学学报》（人文社会科学版），2000 年第 3 期。

［66］史玉成：《环境保护公众参与的制度绩效、缺陷与未来路径——对完善我国环境保护公众参与法律制度的思考》，《甘肃理论学刊》，2008 年第 1 期。

［67］司林胜：《中国企业环境管理现状与建议》，《企业活力》，2002 年第 10 期。

［68］宋斌、丁刚：《政府部门考核制度对生态环境的负影响及对策》，《行政与法》，2005 年第 5 期。

［69］孙秀艳、武卫政：《美丽中国，从雾霾中突围》，《人民日报》，2013 年 2 月 21 日。

［70］孙佑海：《改革开放以来我国环境立法的基本经验和存在的问题》，《中国地质大学学报》（社会科学版），2008 年第 4 期。

［71］孙佑海：《进入新时期的中国环境立法》，《中国人大》，2008 年 4 月。

［72］谈新敏：《低碳文化及其在低碳发展中的根本性作用》，《自然辩证法研究》，2011 年第 4 期。

［73］唐华陶：《地方政府生态治理路径的新思考——基于公共理性的分析视角》，《领导科学》，2011 年第 2 期。

［74］唐中：《衡阳市城市土地集约利用研究》，湖南大学硕士学位论文，2008 年。

［75］陶传进：《中国环境保护民间组织：行动的价值基础》，《学海》，2005 年第 2 期。

［76］汪嘉波：《发达国家应承担碳排放的历史责任》，《光明日报》，2009 年 12 月 15 日。

［77］王灿发：《环境违法成本低之原因和改变途径探讨》，《环境保护》，2005 年第 9 期。

［78］王建明：《当代西方生态政治运动的踪迹与走向》，《苏州科技学院学报》（社会科学版），2003 年第 11 期。

［79］王孝哲：《环境污染和生态恶化的原因与对策》，载李崇富等：《生态文明研究与"两型社会"建设》，北京，中国社会科学出版社，2011 年版。

［80］王雪峰：《低碳语境与绿色政治变革》，《南京社会科学》，2010 年第 5 期。

［81］王燕、刘邦凡、郭立宏：《基于 SEEA-2012 我国绿色 GDP 核算体系构建及时空格局分析》，《生态经济》，2021 年第 9 期。

［82］王颖：《透明政府构建：后现代会话理论的视野》，《理论探索》，2006 年第 5 期。

［83］王蕴波：《环境非政府组织参与环境治理的合法性分析》，《哈尔滨商业大学学报》（社会科学版），2005 年第 3 期。

［84］魏爽：《生态文明视域下政府的生态责任》，《华章》，2011 年第 26 期。

［85］文正邦：《职责本位论初探——行政法理论基础试析》，《法商研究》，2001 年第 3 期。

［86］吴绍琪：《基于科学发展观的政府生态责任的构建》，《生态经济》，2006 年第 5 期。

［87］吴威威：《构建责任政府的理论思考》，《湖北社会科学》，2004 年第 1 期。

［88］肖建华、彭芬兰：《试论生态环境治理中政府的角色定位》，《中南林业科技大学学报》（社会科学版），2007 年第 2 期。

［89］肖金明：《和谐社会与新法制观》，《中国行政管理》，2007 年第 1 期。

［90］肖巍、钱箭星：《环境治理中的政府行为》，《复旦学报》（社会科学版），2003 年第 3 期。

［91］肖显静：《生态政治何以可能》，《科学技术与辩证法》，2000 年第 12 期。

［92］谢庆奎：《中国政府的府际关系研究》，《北京大学学报》（哲学社会科学版），2000 年第 1 期。

［93］谢中起：《生态责任：责任政府的生态之维》，《科技管理研究》，2009 年第 7 期。

［94］杨解君：《行政法上的义务责任体系及其阐述》，《政法论坛》，2005 年第 5 期，第 30 页。

［95］杨姝影、文秋霞：《生态环保是推动高质量发展的重要手段》，《中国环境报》，2018 年 1 月 10 日。

［96］杨雾晨等：《"十三五"期间环境行政处罚案件特征分析》，《环境污染与防治》，2022 年第 8 期。

［97］余谋昌：《环境公平是构建和谐社会的必要条件》，《环境》，2006 年第 3 期。

［98］俞可平：《全球治理引论》，《马克思主义与现实》，2002 年第 1 期。

［99］曾贤刚：《地方政府环境管理体制分析》，《教学与研究》，2009 年第 1 期。

［100］张建伟：《论环境立法存在的问题及其克服》，《中国地质大学学报》（社会科学版），2008 年第 3 期。

［101］张炯强：《研究称中国碳排放量世界第一，人均小于美国》，《新民晚报》，2012 年 12 月 3 日。

［102］张连国：《生态文明视野中的政治文明》，《社会科学战线》，2005 年第 1 期。

［103］张仁志、孙蕾、陈恺立：《在我国实施自愿协议式工业环境管理的可行性探讨》，《中国环境管理干部学院学报》，2008 年第 12 期。

［104］张文平：《工业生态化与循环经济》，《生态经济》，2005 年第 3 期。

［105］张云飞：《试论生态文明的制度抉择》，载李崇富等：《生态文明研究与"两型社会"建设》，北京，中国社会科学出版社，2011 年版。

［106］张子礼：《试论生态政府的构建》，《齐鲁学刊》，2006 年第 5 期。

［107］赵连章：《低碳经济发展中的政府生态管理职能》，《淮南师范学院学报》，2010 年第 5 期。

［108］赵映诚：《生态经济价值下政府生态管制政策手段的创新与完善》，《宏观经济研究》，2009 年第 9 期。

［109］中华环保联合会：《中国环保民间组织发展状况报告》，《环境保护》，2006 年第 5 期。

［110］周亚越：《行政问责制的内涵及其意义》，《理论与改革》，2004 年第 1 期。

［111］朱德米：《网络状公共治理：合作与共治》，《华中师范大学学报》

（人文社会科学版），2004 年第 2 期。

［112］朱留财：《从西方环境治理范式透视科学发展观》，《中国地质大学学报》（社会科学版），2006 年第 9 期。

［113］朱旭峰、王笑歌：《论"环境公平"》，《中国行政管理》，2007年第 9 期。

［114］朱中原：《从环保风暴到环保腐败》，《中国改革》，2008 年第7 期。

［115］中华环保联合会：《中国环保民间组织发展状况报告》，《环境保护》，2006 年第 5 期。